Findefix

W0237518

Wörterbuch
für die Grundschule

2., erweiterte Auflage
mit neuer Rechtschreibung

---

von
Johann Fackelmann
Robert Müller
Klaus Patho
Susanne Patho

illustriert von
Aille Hardy

---

mit vereinfachter
Ausgangsschrift

Oldenbourg

Inhaltsverzeichnis

So kannst du mit diesem Wörterbuch arbeiten

1. Übe das Nachschlagen zuerst im ersten Wörterverzeichnis (Seite 7 bis 39). Hilfen dazu findest du auf den Seiten 4 bis 6.
2. Das Nachschlagen im zweiten Wörterverzeichnis (Seite 45 bis 159) ist schwieriger. Deshalb findest du auf den Seiten 41 bis 44 besondere Hilfen.
3. Im zweiten Wörterverzeichnis haben einige Wörter Sternchen.

   Sie sollen dich an etwas erinnern. An was du denken sollst, steht unten auf der jeweiligen Seite.

4. Die Zahlen hinter den Wörtern weisen auf besondere Übungen auf den roten Seiten hin (Seiten 160 bis 179). Wähle Übungsvorschläge aus.
5. Auf der Seite 180 stehen einige Regeln, wie du Wörter trennen kannst.
6. Wie du Fehler im Diktat selbstständig berichtigen kannst, erfährst du auf den Seiten 181 und 182.

7. Auf den Seiten 183 bis 197 findest du Hinweise, wie du deinen Aufsatz überarbeiten kannst.
8. Grünes Licht für eine einfachere Rechtschreibung. Auf den Seiten 199 bis 207 kannst du schnell entdecken, bei welchen Wörtern sich die Rechtschreibung geändert hat.

Wir lernen nachschlagen

1 Lerne das ABC-Gedicht auswendig.

ABCDE,
der Hase frisst gern Klee.
FGHIJKL,
das Kätzchen hat ein
weiches Fell.
MNOPQ,
unser Hund bellt immerzu.
RST,
das scheue Reh,
UVW,
trinkt am See.
XYZ,
das Schwein
ist rund und fett.

2 Welche Buchstaben sind nicht zu sehen? Schreibe das ABC in großen und kleinen Buchstaben auswendig auf.

3 Löse die ABC-Rätsel.

Ich bin das I. Wer steht hinter mir?
Ich bin das H. Wer steht vor mir?
Ich stehe zwischen G und L und
bin ein Selbstlaut.

4 Suche die Nachbarbuchstaben zu:

C L R W F

Schreibe so: *B C D*

5 Welche vier Buchstaben stehen nach diesen Buchstaben?

T Qu L G

Schreibe so: *T U V W X*

6 Benutze für die folgenden Übungen nur das erste Wörterverzeichnis.
Auf welcher Seite findest du die Wörter mit:

C I N A G
U H

Schreibe so: *C → Seite 11*

7 Auf welcher Seite stehen die Wörter mit:

Schreibe so:

bi → Seite 9

8 Suche die Namen der Tiere, die so beginnen:

Ka En Hu Vo Mau

Schreibe so:

Katze → Seite 20

9 Wie heißen die Wörter, die **nach** diesen Wörtern stehen:

binden treu sagen
Oktober Mark
Januar erklären

Schreibe so:

binden, die Birne, bis

10 Zwei von diesen Wörtern stehen nicht im ersten Wörterverzeichnis. Schreibe alle anderen auf.

Berg	trinken	können
schnell	Papier	merken
kaufen	selten	essen
warnen	kurz	verstehen

11 Wie heißt das erste Wort im Wörterbuch, das so anfängt:

tr- ve-
Fe- re- do-
br- kl-

Schreibe so:

Fe → der Februar

12 Schreibe alle Monatsnamen mit der Seitenzahl auf.

Schreibe so:

der Januar → S. 19
der ...

13 Prüfe nach, welche Wörter großgeschrieben werden. Schreibe sie mit Begleiter auf:

ABEND	ORT
LEICHT	SEITE
DEZEMBER	METER
TREU	WUNDE
ALLE	LUFT
SCHLECHT	VERSTEHEN

Schreibe so:

der Abend → S. 8

14 Wie heißt die Mehrzahl dieser Wörter?

Apfel | Bach | Hund | Maus | Baum | Gras | Wald

Schreibe so:

der Apfel → die Äpfel

15 Wie findest du diese Namenwörter?

Wunden | Blätter | Geister | Hände | Vögel | Plätze | Orte

Schreibe so:

die Wunden – die Wunde

16 Hier sind drei Seitenzahlen falsch. Suche die richtigen Seitenzahlen:

das Buch	→ S. 10
der Zug	→ S. 39
innen	→ S. 18
die Mitte	→ S. 23
die Puppe	→ S. 26
Juli	→ S. 18
die Seite	→ S. 30
dienen	→ S. 12
uns	→ S. 34

17 In diesen Wörtern fehlen Buchstaben. Schlage die Wörter nach und schreibe sie vollständig auf:

an … worten	der Br … f
das Glü …	schwa …
z … len	der San …
der Fi … er	das E … de
die Bl … tter	der Schwa …
wa … nen	

Erstes Wörterverzeichnis

ab	ab morgen
der Abend, die Abende	am Abend
aber	Er geht, aber sie bleibt.
acht	um acht Uhr
alle	alle Kinder
alt	Er ist sehr alt.
am	am Morgen
an	an einem Morgen
anfangen	Du darfst anfangen.
antworten	Wir antworten.
der Apfel, die Äpfel	einen Apfel essen
der April	im April
arbeiten	Wir arbeiten.
der Arm, die Arme	auf den Arm nehmen
der Ast, die Äste	auf einem Ast sitzen
auch	Ich komme auch.
auf	auf einen Baum
das Auge, die Augen	mit einem Auge schauen
der August	im August
aus	aus dem Garten
das Auto, die Autos	im Auto sitzen

B

der **Bach**, die Bäche	am *Bach* stehen
der **Ball**, die Bälle	Der *Ball* rollt.
der **Baum**, die Bäume	auf den *Baum* klettern
bei	*bei* mir
das **Bein**, die Beine	ein *Bein* brechen
der **Berg**, die Berge	auf den *Berg* steigen
das **Bild**, die Bilder	ein *Bild* malen
bin	Ich *bin* groß.
binden	die Schleife *binden*
die **Birne**, die Birnen	eine *Birne* essen
bis	*bis* hierher
bist	Du *bist* schnell.
bitten	Ich *bitte* dich.
das **Blatt**, die Blätter	ein *Blatt* finden
blau	Das Auto ist *blau*.
bleiben	Wir *bleiben*.
die **Blume**, die Blumen	Ich kenne diese *Blume*.
bluten	Die Wunde *blutet*.
böse	der *böse* Wolf

braun	Er ist braun.
brechen	den Arm brechen
brennen	Lichter brennen
der **Brief**, die Briefe	einen Brief schreiben
bringen	in die Wohnung bringen
das **Brot**, die Brote	ein Brot kaufen
das **Buch**, die Bücher	im Buch lesen
der **Bus**, die Busse	im Bus fahren

das Christkind

C

auf das Christkind warten

D

da	Er ist da.
danken	Wir danken dir.
dann	Aber dann lese ich.
das	das Buch
dein	dein Ball
dem	dem Tier helfen
den	den Hund rufen
denken	an den Freund denken
der	der Vater
der Dezember	im Dezember
dich	Ich suche dich.
die	die Mutter
dienen	dem König dienen
dir	Wir helfen dir.
doch	Ich komme doch.
das Dorf, die Dörfer	im Dorf wohnen
dort	Das Auto steht dort unten.
drei	drei Fenster
du	so groß wie du
dunkel	Es ist dunkel.
dürfen	Wir dürfen gehen.

eilen	Wir eilen.
ein	ein Pferd
eine	eine Mark
einem	einem Jungen helfen
einen	einen Weg finden
eines	das Nest eines Vogels
einfach	Es ist einfach.
eins	eins, zwei, drei
das Ende	am Ende
eng	eine enge Hose
die Ente, die Enten	Die Ente schwimmt.
er	Hier sitzt er.
die Erde	auf der Erde
erklären	ein Wort erklären
erlauben	Wir erlauben es euch.
essen	Wir essen Brot.
ewig	Es wird ewig dauern.

die **Familie**, die Familien	*unsere Familie*
fallen	*Die Blätter fallen.*
falsch	*Es ist falsch.*
fassen	*sich an den Händen fassen*
der **Februar**	*im Februar*
fein	*Es ist fein.*
der **Feind**, die Feinde	*Freund oder Feind*
das **Feld**, die Felder	*auf dem Feld*
das **Fenster**, die Fenster	*am Fenster*
das **Fest**, die Feste	*auf dem Fest*
fest	*Ich halte dich fest.*
das **Feuer**, die Feuer	*am Feuer sitzen*
finden	*Wir finden den Weg.*
der **Finger**, die Finger	*zehn Finger*
fliegen	*Die Vögel fliegen.*
der **Flügel**, die Flügel	*mit den Flügeln schlagen*
folgen	*dem Freund folgen*

F

fragen	den Opa *fragen*
fremd	Sie ist *fremd*.
freuen	Wir *freuen* uns.
der **Freund**, die Freunde	mein *Freund*
die **Freundin**, die Freundinnen	deine *Freundin*
frisch	Das Brot ist *frisch*.
fünf	*fünf* Finger
für	*für* uns
der **Fuß**, die Füße	mit dem *Fuß*

A B C D E F G H I J K L M N O P Q R S T U V W X Y Z

G

geben	eine Hand geben
gehen	schnell gehen
der Geist, die Geister	einen Geist sehen
gelb	Es ist gelb.
das Gesicht, die Gesichter	ein weißes Gesicht
gestern	heute und gestern
gesund	Er ist gesund.
gleich	Es ist mir gleich.
das Glück	ein großes Glück
das Gras, die Gräser	im Gras liegen
greifen	an die Seite greifen
groß	Du bist groß.
grün	Es ist grün.
gut	Das war gut.

H

das **Haar**, die Haare	am *Haar* ziehen
haben	einen Freund *haben*
halten	den Ball *halten*
die **Hand**, die Hände	in der *Hand* tragen
hart	Es ist *hart*.
der **Hase**, die Hasen	mein *Hase*
hat	Sie *hat* einen Hund.
das **Haus**, die Häuser	ein altes *Haus*
heben	den Arm *heben*
heiß	Es ist *heiß*.
helfen	dem Freund *helfen*
her	hin und *her* laufen
der **Herr**, die Herren	*Herr* Müller
heute	*heute* und morgen
hier	Sie ist *hier*.
der **Himmel**	am *Himmel*
hin	*hin* und her
hoffen	Wir *hoffen*.
hören	den Regen *hören*
die **Hose**, die Hosen	eine *Hose* anziehen
der **Hund**, die Hunde	den kleinen *Hund* tragen

ich	Du liest, ich schreibe.
der Igel, die Igel	einen Igel finden
ihm	Wir helfen ihm.
ihn	Ich treffe ihn.
ihnen	Wir helfen ihnen.
ihr	Wir helfen ihr.
ihre	Das ist ihre Mutter.
im	im Sommer
in	in den Garten
innen	innen und außen
irren	Wir irren uns.
ist	Es ist schön.

J

ja	ja oder nein
das Jahr, die Jahre	viele Jahre
der Januar	im Januar
jeder	Da hilft jeder.
der Juli	im Juli
jung	Sie ist jung.
der Juni	im Juni

K

kalt	Es ist kalt.
kann	Ich kann rechnen.
die Kasse, die Kassen	in die Kasse legen
die Katze, die Katzen	eine Katze streicheln
kaufen	Blumen kaufen
kein	kein Wort sagen
kennen	Wir kennen das Tier.
das Kind, die Kinder	einem Kind helfen
klar	Das Wasser ist klar.
die Klasse, die Klassen	eine große Klasse
klein	Es ist klein.
kommen	ins Haus kommen
der König, die Könige	einen König malen
die Königin, die Königinnen	eine Königin malen
können	lesen können
der Kopf, die Köpfe	auf dem Kopf
kosten	Es kostet viel.
krank	Er ist krank.
die Kuh, die Kühe	eine Kuh kaufen
kurz	Das Spiel ist kurz.

lachen — laut lachen

lang — Der Weg ist lang.

lassen — Wasser laufen lassen

laufen — Wir laufen.

legen — sich ins Gras legen

leicht — Es ist leicht.

leiden — Viele Menschen leiden.

lernen — etwas lernen

lesen — einen Brief lesen

das Licht, die Lichter — Lichter brennen

lieben — die Eltern lieben

liefern — Waren liefern

los — Wir rennen los.

die Luft — in die Luft gehen

machen	*Wir machen mit.*
der Mai	*im Mai*
die Mark	*zwei Mark*
der März	*im März*
die Maus, die Mäuse	*eine Maus sehen*
mein	*mein Buch*
meinen	*Wir meinen das auch.*
melden	*Alle melden sich.*
die Menge, die Mengen	*eine große Menge*
messen	*Wir messen.*
das Messer, die Messer	*ein Messer nehmen*
der Meter, die Meter	*vier Meter lang*
mich	*Er kennt mich.*
mir	*Er schreibt mir.*
mit	*Alle kommen mit.*
die Mitte	*in der Mitte des Dorfes*

mögen	Alle mögen mich.
der Monat, die Monate	in einem Monat
morgen	heute und morgen
der Müll	in den Müll werfen
müssen	Wir müssen lachen.
die Mutter, die Mütter	meine Mutter

nach	nach der Schule
die Nacht, die Nächte	in der Nacht
nah	ganz nah sein
die Nase, die Nasen	eine rote Nase
nass	Es ist nass.
nehmen	Wir nehmen dich mit.
nein	ja oder nein
nennen	den Namen nennen
das Nest, die Nester	ein Nest bauen
neu	Es ist neu.
neun	neun Kinder
nicht	Ich bin nicht da.
nie	Sie hat nie Zeit.
die Not	in großer Not
der November	im November
nun	Ich muss nun gehen.
nur	nur eine Stunde

O

oder	ja oder nein
offen	Es ist offen.
oft	Ich muss oft lachen.
das Ohr, die Ohren	zwei Ohren
der Oktober	im Oktober
ordnen	die Wörter ordnen
der Ort, die Orte	ein kleiner Ort

das **Papier**, die Papiere — *das Papier aufheben*

passen — *Die Schuhe passen.*

das **Pferd**, die Pferde — *ein Pferd halten*

der **Platz**, die Plätze — *ein großer Platz*

der **Preis**, die Preise — *viele Preise*

die **Puppe**, die Puppen — *mit der Puppe spielen*

die **Quelle**, die Quellen  *Wasser aus der Quelle*

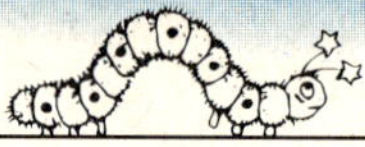

R

	rasch	*Es ist rasch vorbei.*
	raten	*Wir raten gerne.*
	rechnen	*schnell rechnen*
	reden	*schnell reden*
der	Regen	*drei Tage Regen*
	reich	*Sie ist reich.*
die	Reihe, die Reihen	*in der Reihe stehen*
	reisen	*mit dem Bus reisen*
der	Ring, die Ringe	*ein schöner Ring*
	rollen	*den Ball rollen*
	rot	*Es ist rot.*
der	Rücken, die Rücken	*auf dem Rücken*
	rufen	*laut rufen*

die **Sache**, die Sachen	*eine feine Sache*
sagen	*etwas sagen*
der **Sand**	*feiner Sand*
scharf	*Es ist scharf.*
schauen	*Wir schauen.*
scheinen	*Die Sterne scheinen.*
schlafen	*lang schlafen*
schlagen	*ein Rad schlagen*
schlecht	*Es ist schlecht.*
der **Schnee**	*im Schnee spielen*
schnell	*schnell laufen*
schön	*Es ist schön.*
schreiben	*schön schreiben*
schreien	*laut schreien*
die **Schule**, die Schulen	*in die Schule gehen*
der **Schwanz**, die Schwänze	*ein kurzer Schwanz*
schwarz	*Es ist schwarz.*

sechs	sechs Kinder
sehen	alles sehen
sehr	sehr gut
sein	gesund sein
	sein Buch
die Seite, die Seiten	die erste Seite
selten	Es ist selten.
senden	einen Brief senden
der September	im September
sich	sich freuen
sicher	ganz sicher
sie	Heute kommt sie dran.
sieben	sieben Zwerge
siegen	Wir siegen.
sind	Wir sind hier.
singen	leise singen
sitzen	auf dem Platz sitzen
so	so leise
sollen	Wir sollen gehen.
die Sonne	Die Sonne scheint.

spielen	*Wir spielen.*
steigen	*auf den Berg steigen*
stellen	*die Uhr stellen*
still	*Es ist ganz still.*
der **Stoff**, die Stoffe	*ein roter Stoff*
stolz	*Er ist stolz.*
die **Stunde**, die Stunden	*vor einer Stunde*
suchen	*das Buch suchen*

Ta bis tu

der **Tag**, die Tage	*an diesem Tag*
teilen	*Wir teilen das Brot.*
tief	*Es ist tief.*
das **Tier**, die Tiere	*ein Tier pflegen*
tragen	*etwas tragen*
treffen	*genau treffen*
treiben	*Tiere ins Tal treiben*
trennen	*Wir trennen uns.*
treten	*ins Zimmer treten*
treu	*treu sein*
trocken	*Es ist trocken.*
tun	*etwas gern tun*

üben	oft üben
die Uhr, die Uhren	die Uhr stellen
um	um acht Uhr
und	schwarz und weiß
uns	mit uns kommen
unser	unser Hund

A B C D E F G H I J K L M N O P Q R S T U V W X Y Z

V

der **Vater**, die Väter	mein *Vater*
verlieren	etwas *verlieren*
verstehen	das Wort *verstehen*
viel	*viel* Geld
vier	*vier* Bäume
der **Vogel**, die Vögel	Ein *Vogel* fliegt.
vom	*vom* Himmel
von	*von* hier
vor	Ich stehe *vor* dir.

W

der **Wagen**, die Wagen	*einen Wagen ziehen*
der **Wald**, die Wälder	*im Wald*
war	*Sie war da.*
warnen	*vor dem Hund warnen*
warten	*auf den Bus warten*
was	*Er sagt, was er will.*
das **Wasser**	*im Wasser liegen*
der **Weg**, die Wege	*ein enger Weg*
weich	*Es ist weich.*
weil	*Er freut sich, weil ich hier bin.*
weinen	*Wir weinen.*
weiß	*Es ist weiß.*
weit	*Es ist weit.*
wer	*Sie fragt, wer hier ist.*
werden	*gesund werden*
werfen	*einen Ball werfen*

W

wie	so groß **wie** du
die **Wiese**, die Wiesen	auf der **Wiese** liegen
wild	Das Tier ist **wild**.
der **Wind**, die Winde	der kalte **Wind**
wir	Nun sind **wir** da.
wissen	Wir **wissen** viel.
wo	Susi, **wo** bist du?
die **Woche**, die Wochen	eine **Woche** lang
die **Wohnung**, die Wohnungen	unsere **Wohnung**
wollen	Wir **wollen** etwas.
das **Wort**, die Worte	ein **Wort** sagen
die **Wunde**, die Wunden	Die **Wunde** blutet.
wünschen	Wir **wünschen** uns etwas.

Xaver

X

Er heißt Xaver.

A B C D E F G H I J K L M N O P Q R S T U V W X Y Z

Ypsilon

der Buchstabe Ypsilon

zahlen	Wir zahlen.
zehn	zehn Finger
zeichnen	ein Bild zeichnen
zeigen	etwas zeigen
die Zeit, die Zeiten	die Zeit messen
ziehen	den Wagen ziehen
das Zimmer, die Zimmer	im Zimmer warten
zu	Ich komme zu euch.
der Zug, die Züge	im Zug fahren
zum	zum Freund gehen
zur	zur Tür laufen
zwei	zwei Kinder

A B C D E F G H I J K L M N O P Q R S T U V W X Y

Tipps für schnelles und sicheres Nachschlagen

Tipp 1: Blättere dein Wörterbuch schnell durch und achte dabei auf die **Seitenränder.** Was fällt dir auf?

Tipp 2: Schlage die Seiten mit dem Buchstaben M auf. Suche auf diesen Seiten **ma** und **mi.**
Welche **roten** Buchstaben findest du noch bei M?
Vergleiche die roten Buchstaben mit den Wörtern auf dieser Seite.
Was kannst du feststellen?

Tipp 3: Aufgepasst!

*

Manche Wörter haben **Sternchen.**
Sie weisen dich auf Hilfen hin.
Schlage Seite 78 auf.
Welche Hilfe findest du?

Tipp 4: Einzahl und Mehrzahl des Namenwortes stehen hintereinander:
das **Buch,** die Bücher
Einige Namenwörter stehen nur in der Einzahl im Wörterbuch. Bei diesen Wörtern kannst du die Mehrzahl leicht selbst bilden.

Tipp 5: Nicht alle **zusammengesetzten Wörter** stehen im Wörterbuch. Viele dieser Wörter musst du zerlegen und getrennt nachschauen, z.B.:

Ferienbeginn:
die Ferien – der Beginn
zurückkehren:
zurück – kehren

Tipp 6: Nach manchen Wörtern wird auf **verwandte Wörter** hingewiesen:
das **Getränk** – trinken
die **Härte** – hart
er **sah** – sehen

Tipp 7: Manche Wörter klingen gleich. Deshalb stehen hinter ihnen Erklärungen, z.B.:
die **Lärche** (Baum)
die **Lerche** (Vogel)
die **Miene** (mit ernster Miene)
die **Mine** (die Bleistiftmine)

Tipp 8: Hinter vielen Wörtern stehen ein **Pfeil** und eine **Zahl.** Die Zahl weist auf Übungen hin, die du auf den Seiten 160 bis 179 findest.

Tipp 9: Für manche Wörter gibt es **mehrere** Schreibweisen, die richtig sind. Die zweite Schreibweise steht in **eckigen Klammern,** z.B.
der Delphin [Delfin].
Du findest das Wort aber auch unter Delfin. Dort wird mit einem **Pfeil** auf die empfohlene Schreibweise hingewiesen.

Wir üben schnelles und sicheres Nachschlagen

1 Du hast diese Seite aufgeschlagen:

mi  mo

Du suchst das Wort Mehl.
Findest du das Wort auf dieser Seite?
Blätterst du zurück oder weiter?

2 Zu welchen hervorgehobenen roten Buchstaben passen diese Wörter?

Hase, Heft, Hirsch,
Hitze, heißen, hinterher

hi he ha

laufen, lieber, Lexikon,
läuten, leichtsinnig, Licht

la li le

Schreibe so: *ha Hase*

3 Welche Wörter sind hier falsch eingeordnet? Schreibe die Wörter in der richtigen Reihenfolge.

der **Februar**
die **Feder,** die Federn
der **Faden,** die Fäden
fegen, du fegst
der **Fehler,** die Fehler
fehlerlos
die **Fahne**
die **Feier,** die Feiern

lachen, du lachst
der **Laden,** die Läden
der **Lack,** die Lacke
lackieren, du lackierst
laden, du lädst
lahm
die **Lakritze**
das **Laken**

4 Suche die **Mehrzahl** folgender Namenwörter:

der Acker – die Feder – das Gewicht – der Knopf – der Arzt – die Bahn – der Bart – die Nuss – der Mantel – das Volk – der Traum – das Lexikon – der Kahn

Schreibe sie so auf:

Einzahl	Mehrzahl	Seite
der Acker	*die Äcker*	*47*

5 Bilde von folgenden Wörtern die **Einzahl.** Schlage sie nach.

die Söhne – die Kamine –
die Lieder – die Jacken –
die Ameisen – die Berufe –
die Decken – die Lehrer –
die Semmeln – die Märkte –
die Stämme – die Mützen –
die Sprünge – die Noten –
die Melodien – die Gärten –
die Hölzer – die Drähte –
die Zähne

Schreibe sie so auf:

Einzahl	Mehrzahl	Seite
der Sohn	*die Söhne*	*134*

6 Zerlege diese **zusammengesetzten Wörter.** Schlage sie getrennt nach.

die Salatschüssel
das Treppenhaus
der Fußballplatz
die Tischdecke
der Geschäftsschluss
die Verkehrsampel
die Marktfrau
der Fliegenpilz
zitronengelb
windschief
spiegelglatt
eiskalt
spottbillig
kugelrund

das Schwimmbad
der Fragesatz
der Spielplatz
der Fahrstuhl
das Lesebuch
der Malstift
das Schreibheft
die Rutschgefahr

Schreibe sie so auf:

die Salatschüssel:
der Salat → S. 125
die Schüssel → S. 131
zitronengelb:
die Zitrone → S. ☐
gelb → S. ☐
das Schwimmbad:
schwimmen → S. ☐
das Bad → S. ☐

7 Stelle fest auf welcher Seite diese **Zeitwörter** im Wörterbuch zu finden sind.

beißen – er biss – er hat gebissen –
er ging – er kochte – er ist gegangen –
kochen – er schrie – sie las –
er hat gekocht – fallen – er wuchs –
wir krochen – es gelang –
ich unterschied – er fiel –
er ist gefallen – wir begannen –
gehen

Schreibe sie so auf:

beißen, du beißt,
er biss → S. 54
er biss – beißen → S. 58

8 Diese **zusammengesetzten Wörter** findest du nicht im Wörterverzeichnis. Zerlege sie und schaue sie getrennt nach.

anfahren – abfahren – vorfahren –
zurückfahren – festfahren –
überfahren – durchfahren –
wegfahren – hinausfahren –
ausfahren –
aufschieben – ausschütten –
sich etwas vornehmen – überfallen –
forttragen – weggeben –
vorübergehen – zurückgeben –
hinüberwerfen – auseinanderreißen

Schreibe sie so auf:

anfahren:
an → S. ☐, fahren → S. ☐

9 Suche **verwandte Wörter.** Schreibe auf, was neben den Wörtern steht.

die Erlaubnis – die Erzählung –
der Jäger – der Anhänger –
das Geschenk – die Ausstellung –
die Behandlung –
die Kälte – die Kürze –
gesünder – die Fläche –
die Härte – die Höhe

Schreibe so auf:

die Erlaubnis – erlauben

Zweites Wörterverzeichnis

A

aa

der **Aal,** die Aale → 15

das **Aas** (der Aasgeier) → 15

ab

ab ✱

das **Abblendlicht** – abblenden

der **Abend,** am Abend → 23

abends

das **Abenteuer,** die Abenteuer → 21

abenteuerlich → 21

aber

der **Aberglaube**

abergläubisch → 20

die **Abfahrt,** die Abfahrten → 13

der **Abfall,** die Abfälle → 3

abgebrannt – abbrennen → 5

abgehetzt – abhetzen → 10

abgelenkt – ablenken

der **Abgeordnete,** die Abgeordneten

die **Abgeordnete**

der **Abgrund,** die Abgründe → 23

sich **abhärten,** du härtest dich ab → 19

das **Abitur**

die **Abkürzung** – abkürzen

der **Absatz,** die Absätze → 10

abscheulich → 21

der **Abschied** – sich verabschieden → 11

der **Abschnitt** – abschneiden → 9

abseits

der **Absender** – absenden

die **Absicht,** die Absichten

absichtlich

der **Abstand,** die Abstände

das **Abteil,** die Abteile

die **Abteilung,** die Abteilungen

abwärts

abwechselnd

die **Abwechslung**

abwesend

das **Abziehbild,** die Abziehbilder

die **Abzweigung,** die Abzweigungen

ac

ach

die **Achse,** die Achsen

die **Achsel,** die Achseln

acht

achten, du achtest

die **Achterbahn** → 13

Acht geben, du gibst Acht

die **Achtung** – achten

achtzehn → 13

achtzig

ächzen, du ächzt

✱ Nicht alle Wörter mit **ab-** stehen hier. Schlage getrennt nach. ✱

der **Acker,** die Äcker → 1

ad

addieren, du addierst → 14

die **Addition** – addieren ✶

ade

die **Ader,** die Adern

das **Adjektiv,** die Adjektive

der **Adler,** die Adler

adoptieren, er adoptiert → 14

die **Adresse** – adressieren → 8

die **Adria**

der **Advent**

af

der **Affe** – nachäffen → 2

Afrika, afrikanisch

ag

aggressiv → 8

ah

ahnen, du ahnst → 13

ähnlich → 13

die **Ähnlichkeit** → 13

die **Ahnung** – ahnen → 13

der **Ahorn**

die **Ähre,** die Ähren → 13

ak

die **Akkordarbeit**

das **Akkordeon,** die Akkordeons

der **Akkusativ** (4. Fall)

der **Akrobat,** die Akrobaten

die **Akte,** die Akten

die **Aktion,** die Aktionen ✶

aktiv

aktuell

al

der **Alarm** – alarmieren

albern

das **Album,** die Alben

der **Alkohol**

alkoholfrei

alle, alles → 3

die **Allee,** die Alleen (Birkenallee)

allein → 3

allerdings

die **Allergie,** die Allergien

allerhand → 3

Allerheiligen → 3

Allerseelen → 3

allgemein → 3

allmählich → 3, 13

die **Alm,** die Almen

die **Alpen**

das **Alphabet** ✶

alphabetisch ✶

als

also

alt

der **Altar,** die Altäre

älter, am ältesten – alt → 19

das **Alter,** die Alter

die **Alufolie,** die Alufolien

✶ Dieses Wort wird anders geschrieben als gesprochen. ✶

das **Aluminium**
am
am
der **Amateur,** die Amateure
die **Ameise,** die Ameisen
Amerika, amerikanisch
die **Ampel,** die Ampeln
die **Amsel,** die Amseln
das **Amt,** die Ämter
sich **amüsieren,**
du amüsierst dich → 14
an
an ✶
die **Ananas**
der **Anblick** – anblicken → 1
die **Andacht,** die Andachten
andächtig → 19
das **Andenken,** die Andenken
andere
ändern, du änderst → 19
anders
aneinander
der **Anfall,** die Anfälle → 3
der **Anfang,** die Anfänge
anfangen, du fängst an,
es fing an
der **Anfänger** – anfangen → 19
die **Anfängerin** → 19
anfangs
anfeuern, du feuerst an
der **Angeber,** die Angeber
angeblich
das **Angebot** – anbieten
die **Angel** – angeln
angeln, du angelst
angenehm → 13
der **Angestellte** – anstellen → 3
die **Angestellte,**
die Angestellten → 3
die **Angina**
angreifen, du greifst an,
er griff an
der **Angriff** – angreifen → 2
die **Angst,** die Ängste
ängstlich – Angst → 19
der **Anhänger** – anhängen
anhänglich
der **Anker,** die Anker
ankreuzen,
du kreuzt an → 21
die **Ankunft** – ankommen
der **Anlass,** die Anlässe → 8
die **Annahme** – annehmen → 13
die **Annonce,** die Annoncen
der **Anorak,** die Anoraks
der **Anruf** – anrufen
der **Ansager** – ansagen
die **Ansagerin,** die Ansagerinnen
anscheinend
anschließend → 11
der **Anschluss,**
die Anschlüsse → 8

✶ Nicht alle Wörter mit **an-** stehen hier. Schlage getrennt nach. ✶

anschnallen,
du schnallst an → 3 ★
anschnauzen,
du schnauzt an
die **Anschrift** – anschreiben
die **Ansichtskarte**
der **Anstand**
anständig – Anstand → 19
anstatt → 9
ansteckend → 1
sich **anstrengen,**
du strengst dich an
anstrengend → 23
die **Anstrengung**
die **Antenne,** die Antennen → 5
der **Antrag,** die Anträge
die **Antwort,** die Antworten
antworten, du antwortest
anwenden, du wendest an,
er wandte an
anwesend
die **Anzeige,** die Anzeigen
der **Anzug,** die Anzüge
anzünden, du zündest an

ap

der **Apfel,** die Äpfel
das **Apfelmus**
die **Apfelsine,** die Apfelsinen
die **Apotheke,** die Apotheken
der **Apparat,** die Apparate → 6
das **Appartement** → 6
der **Appetit** → 6
appetitlich → 6
der **Applaus** → 6
die **Aprikose,** die Aprikosen
der **April**

aq

das **Aquarium,** die Aquarien

ar

die **Arbeit,** die Arbeiten
arbeiten, du arbeitest
arbeitslos
der **Architekt,** die Architekten
die **Architektin,**
die Architektinnen
arg → 24
ärger – arg → 19
der **Ärger,** Ärger haben
ärgerlich
ärgern, du ärgerst
das **Argument** – argumentieren
arm (ein armer Mann)
der **Arm** (der rechte Arm)
das **Armaturenbrett**
der **Ärmel,** die Ärmel → 19
ärmellos → 19
ärmer – arm → 19
die **Armut**
die **Art,** die Arten
artig
der **Artikel,** die Artikel
der **Artist,** die Artisten

★ Denke an weitere Zusammensetzungen mit **an-**. ★

die **Artistin,** die Artistinnen
die **Arznei,** die Arzneien
der **Arzt,** die Ärzte
die **Ärztin,** die Ärztinnen → 19

as

die **Asche**
der **Aschermittwoch** → 9
Asien, asiatisch
der **Asphalt** – asphaltieren
das **Ass,** die Asse (Spielkarte)
er **aß** – essen → 18
der **Assistent,** die Assistenten → 8
die **Assistentin** → 8
der **Ast,** die Äste
die **Aster,** die Astern
das **Asthma**
der **Astronaut,** die Astronauten
die **Astronautin**
das **Asyl**
der **Asylant,** die Asylanten
die **Asylantin,** die Asylantinnen

at

der **Atem** – atmen
atemlos
der **Athlet,** die Athleten
die **Athletin,** die Athletinnen
der **Atlas,** die Atlanten
atmen, du atmest
das **Atom,** die Atome
das **Atomkraftwerk**
das **Attentat,** die Attentate
das **Attest,** die Atteste → 9

au

auch
auf, auf einmal ✱
aufdringlich
aufeinander
der **Aufenthalt,** die Aufenthalte
auffallend → 3
auffordern – du forderst auf
die **Aufgabe** – aufgeben
der **Aufgang,** die Aufgänge
aufgeregt – aufregen
der **Aufhänger** – aufhängen
aufhören, du hörst auf
aufmerksam
die **Aufmerksamkeit**
die **Aufnahme** – aufnehmen → 13
aufpassen, du passt auf → 8
aufprallen, es prallt auf → 3
aufräumen, du räumst auf → 20
sich **aufregen,** du regst dich auf
aufregend
die **Aufregung** → 23
der **Aufsatz,** die Aufsätze → 10
der **Aufschnitt** – aufschneiden → 9
das **Aufsehen**
die **Aufsicht,** die Aufsichten
der **Auftrag,** die Aufträge → 24

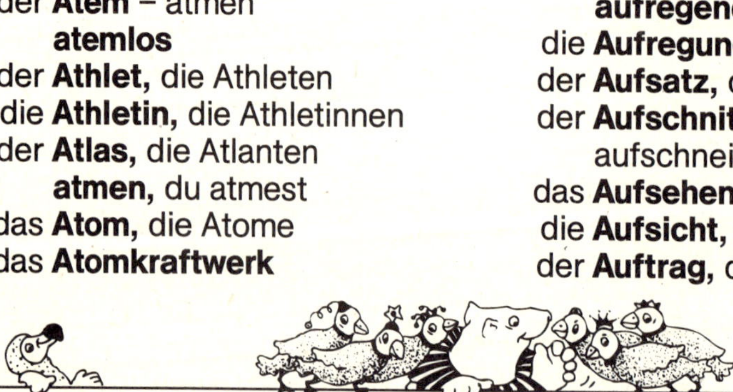

✱ Nicht alle Wörter mit **auf-** stehen hier. Schlage getrennt nach. ✱

aufwärts
aufwecken, du weckst auf → 1
der **Aufzug,** die Aufzüge
das **Auge,** die Augen
der **Augenblick,**
die Augenblicke → 1
die **Augenbraue,**
die Augenbrauen
das **Augenlid,**
die Augenlider → 23
der **August**
die **Aula,** die Aulen

aus

aus ✶
ausbessern,
du besserst aus → 8
die **Ausbildung** – ausbilden
ausbreiten, du breitest aus
die **Ausdauer**
ausdauernd → 23
der **Ausdruck,** die Ausdrücke → 1
ausdrücklich → 1
auseinander
der **Ausflug,** die Ausflüge → 24
ausführlich → 13
die **Ausgabe** – ausgeben
der **Ausgang,** die Ausgänge
ausgeben, du gibst aus,
er gab aus
ausgerechnet
ausgezeichnet
ausgiebig → 11
der **Ausgleich** – ausgleichen
aushecken, du heckst aus → 1
die **Auskunft,** die Auskünfte
das **Ausland** → 23
der **Ausländer,** die Ausländer → 19
die **Ausländerin,**
die Ausländerinnen → 19
ausländisch → 19
auslöffeln, du löffelst aus → 2
die **Ausnahme** – ausnehmen → 13
ausnahmsweise → 13
der **Auspuff,** die Auspuffe → 2
die **Ausrede,** die Ausreden
ausreichend → 23
der **Ausreißer** – ausreißen
der **Ausschlag,** die Ausschläge
ausschließlich → 11
außen
außer
außerdem
außerhalb
sich **äußern,**
du äußerst dich → 20
äußerst → 20
die **Aussicht,** die Aussichten
aussichtslos
die **Ausstellung** – ausstellen → 3
auswärts
der **Ausweis** – ausweisen
auswendig

✶ Nicht alle Wörter mit **aus-** stehen hier. Schlage getrennt nach. ✶

aut

das **Auto,** die Autos
das **Autogramm,**
die Autogramme → 4
der **Automat,** die Automaten
automatisch

ax

die **Axt,** die Äxte

B

ba

das **Baby,** die Babys
der **Bach,** die Bäche
die **Backe,** die Backen → 1
backen, ✱
du bäckst Plätzchen → 1
der **Bäcker** – backen → 1, 19
die **Bäckerei** – backen → 1, 19
das **Bad,** die Bäder → 23
baden, du badest
Baden-Württemberg
der **Bagger,** die Bagger
baggern, du baggerst
die **Bahn,** die Bahnen → 13
der **Bahnsteig,**
die Bahnsteige → 13
die **Bahre,** die Bahren → 13
die **Bakterie,** die Bakterien
balancieren,
du balancierst → 14
bald
der **Balken,** die Balken
der **Balkon,** die Balkone [Balkons]
der **Ball,** die Bälle → 3
das **Ballett** → 3, 9
der **Ballon,**
die Ballone [Ballons] → 3
die **Banane,** die Bananen
das **Band,** die Bänder → 23
der **Band,** die Bände
(Bücher) → 23
die **Band,** die Bands
(Musikgruppe)
er **band** – binden
die **Bande** (die Räuberbanden)
bändigen, du bändigst
bang[e]
die **Bank,** die Bänke (zum Sitzen)
die **Bank,** die Banken
(Geldinstitut)
bar
die **Bar,** die Bars
der **Bär,** die Bären
die **Baracke,** die Baracken → 1
barfuß → 18
das **Bargeld** → 23
barmherzig
das **Barometer,** die Barometer

✱ Unterscheide: **b**acken – **p**acken. Sprich deutlich. ✱

der **Barren,** die Barren
barsch
der **Bart,** die Bärte
der **Basar,** die Basare
der **Basketball** → 3
der **Bass,** die Bässe → 8
das **Bassin,** die Bassins → 8
basteln, du bastelst
er **bat** – bitten
die **Batterie,** die Batterien → 9
der **Bau,** die Bauten
der **Bauch,** die Bäuche
bauen, du baust
der **Bauer,** die Bauern
die **Bäuerin,** die Bäuerinnen → 20
baufällig → 3
der **Baum,** die Bäume
baumeln, du baumelst
Bayern, bayerisch
die **Bazillen** → 3

be

beachten, du beachtest
der **Beamte,** die Beamten
die **Beamtin,** die Beamtinnen
beantragen, du beantragst
beben, du bebst
der **Becher,** die Becher
das **Becken,** die Becken → 1
bedächtig
bedauerlich
bedauern, du bedauerst
bedeutend → 21
die **Bedeutung** – bedeuten → 21
die **Bedienung** – bedienen → 11
die **Bedingung** – bedingen
bedrohlich
das **Bedürfnis,** die Bedürfnisse
sich **beeilen,** du beeilst dich ★
beeindruckt → 1 ★
beeinflussen, ★
du beeinflusst mich → 8
beenden, du beendest ★
die **Beerdigung** – beerdigen ★
die **Beere,** die Beeren → 16
das **Beet** (im Garten),
die Beete → 16
er **befahl** – befehlen → 13
er **befand** sich – sich befinden
der **Befehl,** die Befehle → 13
befehlen, du befiehlst,
er befahl
du **befiehlst** – befehlen → 12
sich **befinden,** du befindest dich,
er befand sich
befohlen – befehlen → 13
befriedigend → 11, 23
befruchten,
es wird befruchtet
begabt
die **Begabung**
er **begann** – beginnen → 5
begegnen, du begegnest

★ **ee** entsteht durch Zusammensetzen mit **be-**. ★

die **Begegnung** – begegnen
sich **begeistern,**
du begeisterst dich
der **Beginn** – beginnen → 5
beginnen, du beginnst,
er begann → 5
begleiten, du begleitest
der **Begleiter,** die Begleiter
beglückwünschen,
du beglückwünschst → 1
begonnen – beginnen → 5
das **Begräbnis** – begraben → 19
begreifen, du begreifst,
er begriff
der **Begriff,** die Begriffe → 2
behaart → 15
behaglich
der **Behälter,** die Behälter → 19
die **Behandlung** – behandeln
beharrlich → 7
behaupten, du behauptest
die **Behauptung** – behaupten
sich **beherrschen,**
du beherrschst dich → 7
beherzt
behilflich
behindern, du behinderst
behüten, du behütest
behutsam

bei

bei
die **Beichte** – beichten
beide
der **Beifahrer,** die Beifahrer → 13 ✱
die **Beifahrerin,**
die Beifahrerinnen ✱
der **Beifall** → 3
beige (eine beige Hose)
das **Beil,** die Beile
das **Bein,** die Beine
beinahe
beisammen → 4
beiseite legen
das **Beispiel,** die Beispiele,
zum Beispiel [z. B.] → 11
beißen, du beißt, er biss
der **Beitrag,** die Beiträge

bek

er **bekam** – bekommen
bekannt → 5
der [die] **Bekannte,** die Bekannten
sich **bekleckern,**
du bekleckerst dich → 1
die **Bekleidung** (Kleider)
bekommen, du bekommst,
er bekam → 4

bel

der **Belag,** die Beläge → 24
die **Belästigung** – belästigen
beleidigen, du beleidigst
beleidigt
die **Beleidigung** – beleidigen

✱ Sprich den Selbstlaut vor dem **h** lang. ✱

die **Beleuchtung** – beleuchten → 21
Belgien, belgisch
belichtet – belichten
beliebt → 11
bellen, er bellt → 3 *
belohnen, du belohnst → 13
die **Belohnung** – belohnen → 13

bem

die **Bemerkung** – bemerken
sich **bemühen,** du bemühst dich

ben

benachrichtigen, du benachrichtigst
er **benahm** sich – sich benehmen → 13
sich **benehmen,** du benimmst dich, er benahm sich
beneiden, du beneidest
du **benimmst** dich → 4 * – sich benehmen
benommen → 4 * – sich benehmen
benötigen, du benötigst
benützen, du benützt → 10
das **Benzin,** die Benzine

beo

beobachten, du beobachtest
die **Beobachtung** – beobachten

beq

bequem

ber

der **Berater** – beraten
die **Beraterin**
beratschlagen, du beratschlagst
berechtigt
die **Berechtigung,** die Berechtigungen
der **Bereich,** die Bereiche
bereit
bereiten, du bereitest
bereits
bereuen, du bereust → 21
der **Berg,** die Berge → 24
bergab
bergauf
bergig
die **Bergung** – bergen
der **Bericht** – berichten
berichten, du berichtest
die **Berichtigung,** die Berichtigungen
berieseln → 11
Berlin
berüchtigt
berücksichtigen, du berücksichtigst → 1
der **Beruf,** die Berufe
beruflich
berufstätig
beruhigen, du beruhigst

* Sprich den Selbstlaut vor dem doppelten Mitlaut kurz. *

beruhigt
die **Beruhigung**
berühmt → 13
die **Berührung** – berühren → 13

bes

er **besann** sich – sich besinnen → 5
er **besaß** – besitzen → 18
beschädigen, du beschädigst → 19
sich **beschäftigen,** du beschäftigst dich
beschäftigt
die **Beschäftigung**
Bescheid sagen, wissen
bescheiden
die **Bescheinigung** – bescheinigen
die **Bescherung** – bescheren
beschleunigen, du beschleunigst → 21
beschließen, du beschließt, er beschloss → 11, 18
er **beschloss** – beschließen
beschlossen – beschließen → 8
sich **beschmutzen,** du beschmutzt dich → 10
beschriften, du beschriftest
beschuldigen, du beschuldigst
sich **beschweren,** du beschwerst dich
beseitigen, du beseitigst
der **Besen,** die Besen
besessen – besitzen → 8
besetzt → 10
besichtigen, du besichtigst
die **Besichtigung** – besichtigen
sich **besinnen,** du besinnst dich → 5
besitzen, du besitzt, er besaß
besonders
besonnen – besinnen → 5
die **Besorgung** – besorgen
besser, am besten → 8
er **bestand** – bestehen → 23
bestanden – bestehen
die **Bestätigung** – bestätigen
die **Bestäubung** – bestäuben → 20
das **Beste**
das **Besteck,** die Bestecke → 1
bestehen, du bestehst, er bestand
die **Bestellung** – bestellen → 3
die **Bestie,** die Bestien ✶
bestimmt → 4
die **Bestrafung** – bestrafen
der **Bestseller,** die Bestseller
der **Besuch** – besuchen

✶ Achte auf die besondere Sprechweise von **st** und **ie**. ✶

bet

betäubt → 20
die **Betäubung** → 20
sich **beteiligen,** du beteiligst dich
beten, du betest
der **Beton** – betonieren
betrachten, du betrachtest
der **Betrag,** die Beträge → 24
sich **betragen,** du beträgst dich, er betrug sich
du **beträgst** dich – betragen → 19
der **Betrieb,** die Betriebe → 11
er **betrog** – betrügen
betrogen – betrügen
betrübt
der **Betrug** → 24
er **betrug** sich – sich betragen
betrügen, du betrügst, er betrog
das **Bett,** die Betten → 9 ✱ (im Bett liegen)
betteln, du bettelst → 9
der **Bettler** – betteln → 9
die **Bettlerin,** die Bettlerinnen

beu

sich **beugen,** du beugst dich → 21
die **Beule,** die Beulen → 21
die **Beute** → 21
der **Beutel,** die Beutel → 21

bev

die **Bevölkerung** – bevölkern
bevor
bevorzugen, du bevorzugst

bew

die **Bewässerung** – bewässern → 19, 8
sich **bewegen** – du bewegst dich
beweglich
die **Bewegung**
der **Beweis** – beweisen
die **Bewohner** – bewohnen → 13
bewölkt
die **Bewölkung**
bewundern, du bewunderst
bewusstlos

bez

der **Bezirk,** die Bezirke
der **Bezug** – beziehen → 24

bi

die **Bibel,** die Bibeln
die **Bibliothek,** die Bibliotheken
biegen, du biegst, er bog → 11
biegsam → 11
die **Biegung** – biegen → 11
die **Biene,** die Bienen → 11
das **Bier,** die Biere → 11
das **Biest,** die Biester → 11
bieten, du bietest, er bot
der **Bikini,** die Bikinis
das **Bild,** die Bilder → 23
die **Bildung** – sich bilden

✱ Unterscheide: B**ett** – B**eet**. Sprich deutlich. ✱

billig → 3
ich **bin,** du bist, ich war
die **Binde,** die Binden
binden, du bindest, er band
die **Bindung,** die Bindungen
die **Biologie**
das **Biotop,** die Biotope
die **Birke,** die Birken
die **Birne,** die Birnen
bis (von 8 bis 10 Uhr)
der **Bischof,** die Bischöfe
bisher
der **Biss,** die Bisse
(ein Hundebiss) → 8
er **biss** – beißen
ein **bisschen**
bissig → 8
du **bist,** du warst – sein
die **Bitte** – bitten → 9
bitten, du bittest, er bat
bitter → 9

bl

die **Blamage,** die Blamagen
sich **blamieren,**
du blamierst dich → 14
blank
die **Blase,** die Blasen
blasen, du bläst, er blies
blass – blasser [blässer] → 8
du **bläst** – blasen → 19
das **Blatt,** die Blätter → 9
blättern, du blätterst → 9
blau
bläulich – blau → 20
das **Blech,** die Bleche
bleiben, du bleibst, er blieb
bleich
der **Bleistift,** die Bleistifte
blenden, du wirst geblendet
der **Blick,** die Blicke → 1 ★
blicken, du blickst → 1 ★
er **blieb** – bleiben → 11
er **blies** – blasen → 11
blind → 23
der **Blinddarm**
blindlings
blinken, du blinkst
der **Blinker** – blinken
blinzeln, du blinzelst
der **Blitz,** die Blitze → 10
blitzblank → 10
blitzen, es blitzt → 10
der **Block,** die Blöcke → 1 ★
blöd[e]
blond → 23
bloß → 18
blühen, es blüht
die **Blume,** die Blumen
die **Bluse,** die Blusen
das **Blut** – blutig
die **Blüte,** die Blüten
bluten, du blutest

★ Sprich den Selbstlaut vor dem **ck** kurz. ★

bo

der **Bob,** die Bobs
der **Bock,** die Böcke → 1
bockig → 1
der **Boden,** die Böden
die **Böe [Bö],** die Böen
er **bog** – biegen
der **Bogen,** die Bogen [Bögen]
die **Bohne,** die Bohnen → 13
bohren, du bohrst → 13
der **Bohrer,** die Bohrer → 13
böig
der **Boiler,** die Boiler
die **Boje,** die Bojen
bolzen, du bolzt
die **Bombe,** die Bomben
der [das] **Bonbon,** die Bonbons
das **Boot,** die Boote (Segelboot) → 17 ✶, das Bötchen
an **Bord**
borgen, du borgst
die **Borste,** die Borsten
borstig
die **Böschung,** die Böschungen
böse, nichts Böses
boshaft
die **Bosheit**
er **bot** – bieten
der **Bote,** die Boten (Postbote) ✶
die **Botin** (Postbotin)
die **Botschaft,** die Botschaften
boxen, du boxt
der **Boxer** – boxen

br

er **brach** – brechen
er **brachte** – bringen
der **Brand,** die Brände → 23
Brandenburg
die **Brandung**
es **brannte** – brennen → 5
braten, du brätst, er briet
der **Braten,** die Braten
du **brätst** – braten
der **Brauch,** die Bräuche
brauchen, du brauchst
die **Brauerei** – brauen
braun
bräunen, du bräunst → 20
die **Brause,** die Brausen
brausen, du braust
die **Braut,** die Bräute
der **Bräutigam,** die Bräutigame
brav
bravo
brechen, du brichst, er brach
der **Brei,** die Breie
breit
die **Breite,** die Breiten
die **Bremse,** die Bremsen
bremsen, du bremst
brennen, es brennt, es brannte → 5

✶ Unterscheide: **der Bote – die Boote.** ✶

die **Brennnessel,**
die Brennnesseln → 5, 8
brenzlig ★
das **Brett,** die Bretter → 9
die **Brezel,** die Brezeln
du **brichst** – brechen
der **Brief,** die Briefe → 11
er **briet** – braten → 11
das **Brikett,** die Briketts → 9
die **Brille,** die Brillen → 3
bringen, du bringst,
er brachte
die **Brise,** die Brisen
der **Brocken,** die Brocken → 1
die **Brombeere,**
die Brombeeren → 16
die **Bronzemedaille,**
die Bronzemedaillen
das **Brot,** die Brote
der **Bruch,** die Brüche
die **Brücke,** die Brücken → 1
der **Bruder,** die Brüder
die **Brühe**
brüllen, du brüllst → 3
brummen, du brummst → 4
brummig → 4 ★
der **Brunnen,** die Brunnen → 5
die **Brust,** die Brüste
sich **brüsten,** du brüstest dich
die **Brut**
brutal
brüten, er brütet
brutzeln, es brutzelt

bu

der **Bub,** die Buben
das **Buch,** die Bücher
die **Buche,** die Buchen
die **Büchse,** die Büchsen
der **Buchstabe,** die Buchstaben
buchstabieren,
du buchstabierst → 14
die **Bucht,** die Buchten
der **Buckel,** die Buckel → 1
buck[e]lig → 1 ★
sich **bücken,** du bückst dich → 1
buddeln, du buddelst
die **Bude,** die Buden
der **Bug** (das Schiffsvorderteil)
der **Bügel,** die Bügel
bügeln, du bügelst
buhen, du buhst
die **Bühne,** die Bühnen → 13
der **Bulldog,** die Bulldogs → 3
die **Bulldogge,** die Bulldoggen
der **Bulle,** die Bullen → 3
bummeln, du bummelst → 4
das **Bund** (das Schlüsselbund)
der **Bund,** die Bünde → 23
das **Bündel,** die Bündel
der **Bundeskanzler**
die **Bundesliga**
der **Bungalow,** die Bungalows

★ **-ig** wird am Wortende oft wie **-ich** gesprochen. ★

bunt
die **Burg,** die Burgen → 24
der **Bürger,** die Bürger
die **Bürgerin,** die Bürgerinnen
der **Bürgermeister,** die Bürgermeister
die **Bürgermeisterin**
das **Büro,** die Büros
der **Bursche,** die Burschen
die **Bürste,** die Bürsten
bürsten, du bürstest
der **Bus,** die Busse (Autobus)
der **Busch,** die Büsche
buschig
der **Busen,** die Busen
der **Bussard,** die Bussarde → 8
die **Buße** (Buße tun) → 18
büßen, du büßt → 18
die **Butter** → 9

C

c★
das **Café,** die Cafés
der **Campingplatz** → 10
der **Caravan,** die Caravans
der **CD-Player,** die CD-Player
das **Cellophan** → Zellophan
Celsius, 5° Celsius (5° C)
die **Chance,** die Chancen
der **Charakter,** die Charaktere
der **Chef,** die Chefs
die **Chefin,** die Chefinnen
die **Chemie**
China, chinesisch
der **Chinese,** die Chinesen
die **Chinesin,** die Chinesinnen
der **Chor,** die Chöre
der **Christ,** die Christen
das **Christkind**
christlich
Christus
circa → zirka
die **City**
der **Clip** → Klipp
der **Clown,** die Clowns
der **Club** → Klub
Cola
der **Comic,** die Comics
der **Computer,** die Computer
der **Container,** die Container
cool (cool sein)
die **Couch,** die Couches
der **Cousin,** die Cousins
die **Cousine** → Kusine
der **Cowboy,** die Cowboys
die **Creme** [Krem], die Cremes
die **Currywurst,** die Currywürste

★ **C** wird am Wortanfang verschieden gesprochen. ★

D

da

da
dabei
das **Dach,** die Dächer
er **dachte** – denken
der **Dackel,** die Dackel → 1
dadurch
dafür
dagegen
daheim
damals
die **Dame,** die Damen
damit
dämlich
der **Damm,** die Dämme → 4
dämmern, es dämmert → 4
die **Dämmerung** → 4
der **Dampf,** die Dämpfe
dampfen, es dampft
der **Dampfer,** die Dampfer
danach
Dänemark, dänisch
der **Dank** – danken
dankbar
danken, du dankst mir
dann → 5
d[a]ran
d[a]rauf
d[a]raus
du **darfst** – dürfen
d[a]rin
der **Darm,** die Därme
d[a]rüber
darum
d[a]runter
das (das Kind)
dass (ich freue mich, dass du kommst)
dasselbe
der **Dativ** (3. Fall)
das **Datum,** die Daten
die **Dauer**
dauern, es dauert
dauernd → 23
der **Daumen,** die Daumen
davon
dazu

de

das **Deck,** die Decks → 1 *
die **Decke,** die Decken → 1 *
der **Deckel,** die Deckel → 1 *
decken, du deckst → 1 *
defekt
dehnen, du dehnst → 13
der **Deich,** die Deiche (Damm)
die **Deichsel,** die Deichseln
dein
deinetwegen

* Sprich den Selbstlaut vor dem **ck** kurz. *

die **Dekoration,** die Dekorationen
dekorieren,
du dekorierst → 14 *
der **Delfin** → Delphin
die **Delle,** die Dellen → 3
der **Delphin** [Delfin], die Delphine
dem
die **Demokratie,** die Demokratien
die **Demonstration** –
demonstrieren
den
denken, du denkst, er dachte
das **Denkmal,** die Denkmäler
denn → 5
dennoch
der
derselbe
des
deshalb
desto, desto besser
der **Detektiv,** die Detektive
deuten, du deutest → 21
deutlich, die Deutlichkeit → 21
der **Deutsche,** die Deutschen → 21
die **Deutsche** → 21
Deutschland, deutsch → 21
der **Dezember**

di

das **Dia,** die Dias
der **Dialekt,** die Dialekte
die **Diät**
dich
dicht
dichten, du dichtest
der **Dichter,** die Dichter
die **Dichtung,** die Dichtungen
dick → 1
das **Dickicht** → 1
die *
der **Dieb,** die Diebe → 11, 22 *
die **Diele,** die Dielen → 11 *
dienen, du dienst → 11 *
der **Diener,** die Diener → 11 *
der **Dienst,** die Dienste → 11 *
der **Dienstag,** am Dienstag → 11 *
dienstags → 11 *
dienstlich → 11 *
diese *
dieselbe *
der **Dieselmotor** → 11 *
das **Dieselöl** → 11 *
diesig → 11 *
diesmal → 11 *
die **Differenz,** die Differenzen → 2
das **Diktat,** die Diktate
diktieren, du diktierst → 14 *
das **Ding,** die Dinge
dir
direkt
der **Direktor,** die Direktoren
der **Dirigent** – dirigieren
das **Dirndl,** die Dirndl

* Sprich **ie** lang. *

die **Diskothek,** die Diskotheken
die **Diskussion** – diskutieren → 8
die **Distel,** die Disteln
dividieren, du dividierst → 14
die **Division** – dividieren

do

doch
der **Docht,** die Dochte
der **Doktor,** die Doktoren
der **Dolch,** die Dolche
der **Dollar,** die Dollars → 3
der **Dolmetscher,** die Dolmetscher
die **Dolmetscherin**
der **Dom,** die Dome
der **Dompteur,** die Dompteure
die **Dompteuse,** die Dompteusen
die **Donau**
der **Donner** – donnern → 5
donnern, es donnert → 5
der **Donnerstag,** am Donnerstag → 5
donnerstags → 5
doof → 17
doppelt → 6
das **Dorf,** die Dörfer
der **Dorn,** die Dornen
dornig ✶
dort
die **Dose,** die Dosen
das [der] **Dotter,** die Dotter → 9

dr

der **Drache,** die Drachen
der **Drachen,** die Drachen
der **Draht,** die Drähte → 13
dran
drängeln, du drängelst
drängen, du drängst → 19
drauf
draußen
der **Dreck** – verdrecken → 1
dreckig → 1 ✶
drehen, du drehst
drei
das **Dreieck,** die Dreiecke → 1
dreieckig → 1 ✶
dreimal
dreißig ✶
dreizehn → 13
dreschen, du drischst, er drosch
der **Dress** (der Sportdress) → 8
dressieren, du dressierst
dribbeln, du dribbelst mit dem Ball
drin
dringend
drinnen → 5
du **drischst** – dreschen
drittens → 9
die **Droge,** die Drogen
die **Drogerie,** die Drogerien
drohen, du drohst

✶ **-ig** wird am Wortende oft wie **-ich** gesprochen. ✶

dröhnen, es dröhnt → 13
drollig → 3
er **drosch** – dreschen
die **Drossel,** die Drosseln → 8
drüben
drüber
der **Druck,** die Drucke → 1
drücken, du drückst → 1
die **Druckerei,** die Druckereien → 1
drum
die **Drüse,** die Drüsen

ds

der **Dschungel**

du

du
der **Dübel,** die Dübel
sich **ducken,** du duckst dich → 1
der **Duft,** die Düfte
duften, du duftest
dumm – dümmer → 4
die **Dummheit,** die Dummheiten → 4
dumpf
die **Düne,** die Dünen (Sanddüne)
der **Dünger** – düngen
dunkel
die **Dunkelheit**
dünn → 5
durch ✶
durcheinander
durchlässig → 19, 8
durchqueren, du durchquerst
dürfen, du darfst, er durfte
er **durfte** – dürfen
dürr → 7
der **Durst**
durstig
die **Dusche,** die Duschen (Duschraum)
duschen, du duschst
der **Düsenjäger,** die Düsenjäger
düster
das **Dutzend,** die Dutzende → 10

dy

der **Dynamo,** die Dynamos

E

e

die **Ebbe**
eben
die **Ebene,** die Ebenen
ebenfalls → 3
ebenso
der **Eber,** die Eber
das **Echo,** die Echos
echt

✶ Nicht alle Wörter mit **durch-** stehen hier. Schlage getrennt nach. ✶

die **Ecke,** die Ecken → 1
eckig → 1
das **Edelweiß**
der **Efeu**
egal
die **Egge** – eggen
die **Ehe** (das Ehepaar)
ehe (ehe es hell wird)
eher
die **Ehre** – ehren → 13
ehrlich → 13

ei

das **Ei,** die Eier
die **Eiche,** die Eichen
die **Eichel,** die Eicheln
das **Eichhörnchen,**
die Eichhörnchen
die **Eidechse,** die Eidechsen
der **Eifer**
eifersüchtig
eifrig
eigen (die eigene Uhr)
eigenartig
die **Eigenschaft,**
die Eigenschaften
eigensinnig → 5
eigentlich
das **Eigentum,** die Eigentümer
sich **eignen,** du eignest dich
die **Eile**
eilen, du eilst
eilig
der **Eimer,** die Eimer

ein

ein ★
einander
die **Einbahnstraße** → 13, 18
der **Einband,** die Einbände → 23
sich **einbilden,** du bildest dir ein
der **Einbrecher,** die Einbrecher
der **Einbruch,** die Einbrüche
eindeutig
einerlei
einfach, das Einfachste
die **Einfachheit**
einfädeln, du fädelst ein
eingebildet
die **Eingeborenen**
einheften, du heftest ein
einheimisch
die **Einheimischen**
einig
einige
sich **einigen,** du einigst dich
einigermaßen → 18
einmal
einmalig
die **Einnahme** – einnehmen → 13
einpacken, du packst ein
sich **einprägen,** du prägst dir ein
einrahmen,
du rahmst ein → 13

★ Nicht alle Wörter mit **ein-** stehen hier. Schlage getrennt nach. ★

die **Einrichtung,**
die Einrichtungen
eins
einsam
die **Einsamkeit**
einseitig
einsperren,
er ist eingesperrt ★
einst
einstimmig → 4
der **Eintritt** – eintreten → 9
einverstanden
der **Einwand,** die Einwände → 23
einwandfrei
der **Einwohner,**
die Einwohner → 13
die **Einwohnerin,**
die Einwohnerinnen
die **Einzahl** → 13
die **Einzelheit,** die Einzelheiten
einzeln, der Einzelne
einzig, der Einzige
einzigartig

eis

das **Eis**
das **Eisen,** die Eisen
die **Eisenbahn,**
die Eisenbahnen → 13
eisern
das **Eishockey** → 1
eisig

eit

eitel
die **Eitelkeit**
der **Eiter**
eit[e]rig
eitern, es eitert

ek

der **Ekel**
ek[e]lig
sich **ekeln,** du ekelst dich

el

elastisch
der **Elefant,** die Elefanten
elegant
der **Elektriker,** die Elektriker
elektrisch
die **Elektrizität**
das **Element,** die Elemente
elend
(ich fühle mich elend) → 23
das **Elend** (großes Elend)
elf
der **Ell[en]bogen** → 3
die **Eltern**

em

er **empfahl** – empfehlen → 13
er **empfand** – empfinden → 23
empfangen, du empfängst,
er empfing
der **Empfänger,**
die Empfänger → 19

E

★ Denke an weitere Zusammensetzungen mit **ein-**. ★

die **Empfängerin** → 19
du **empfängst** – empfangen → 19
empfehlen, du empfiehlst, er empfahl → 13
du **empfiehlst** – empfehlen → 12
empfinden, du empfindest, er empfand
empfindlich
er **empfing** – empfangen
empfohlen – empfehlen → 13
empfunden – empfinden
empor
die **Empore,** die Emporen
sich **empören,** du empörst dich
empört
emsig

en

das **Ende,** die Enden (das Ende des Films)
am **Ende**
endgültig
endlich
endlos
die **Energie,** die Energien
energisch
eng
der **Engel,** die Engel
England, englisch
der **Engländer,** die Engländer → 19
die **Engländerin,** die Engländerinnen
das **Englisch**
der **Enkel,** die Enkel
enorm

ent ✶

die **Entbindung** – entbinden
entdecken, du entdeckst → 1
die **Entdeckung** – entdecken → 1
die **Ente,** die Enten (Entenbraten)
sich **entfernen,** du entfernst dich
die **Entfernung** – entfernen
entgegen
entgegnen, du entgegnest
entgleisen, er entgleist
entlang
entrüstet
die **Entscheidung** – entscheiden
entschieden → 11
sich **entschließen,** du entschließt dich → 11, 18
er **entschloss** sich
entschlossen
der **Entschluss** – sich entschließen
sich **entschuldigen,** du entschuldigst dich
die **Entschuldigung,** die Entschuldigungen
entsetzlich → 10
entsetzt → 10
die **Entspannung** – entspannen → 5

✶ Achte auf das **t** bei der Vorsilbe **ent-**. ✶

enttäuscht
die **Enttäuschung,**
die Enttäuschungen
entweder ... oder
sich **entwickeln,**
du entwickelst dich → 1
die **Entwicklung,**
die Entwicklungen → 1
entzückend → 1, 23
die **Entzündung** – entzünden
entzwei

er

er
erben, du erbst
die **Erbse,** die Erbsen
das **Erdbeben** – beben
die **Erde**
erdrosseln → 8
sich **ereignen,** es ereignet sich
das **Ereignis,** die Ereignisse ✶
die **Erfahrung** – erfahren → 13
die **Erfindung** – erfinden
der **Erfolg,** die Erfolge → 24
erfolgreich
erforderlich
erfreulich → 21
erfreut → 21
die **Erfrischung** – erfrischen
ergänzen, du ergänzt → 19
die **Ergänzung** – ergänzen → 19
das **Ergebnis,** die Ergebnisse ✶
erholsam
die **Erholung** – sich erholen
sich **erinnern,**
du erinnerst dich → 5
die **Erinnerung** – erinnern → 5
sich **erkälten,**
du erkältest dich → 19
die **Erkältung** –
sich erkälten → 19
erklären, du erklärst → 19
die **Erklärung** – erklären → 19
sich **erkundigen,**
du erkundigst dich
erlauben, du erlaubst
die **Erlaubnis** – erlauben ✶
erleben, du erlebst
das **Erlebnis,** die Erlebnisse ✶
erledigen, du erledigst
erledigt
erleichtert
erlösen, du erlöst
ermahnen, du ermahnst → 13
ermäßigt → 18
die **Ermäßigung** → 18
sich **ernähren,**
du ernährst dich → 13
die **Ernährung** – ernähren → 13
ernst (mit ernster Stimme)
der **Ernst** (mit großem Ernst)
ernsthaft
die **Ernte** – ernten

✶ **-nis** ist eine Nachsilbe für Namenwörter. ✶

E

ernten, du erntest
erpresst → 8
die **Erpressung** – erpressen → 8
erreichen, du erreichst ★
erröten, du errötest ★
der **Ersatz** – ersetzen → 10
erschöpft
die **Erschöpfung**
er **erschrak** – erschrecken
erschrecken, du erschrickst, er erschrak
du **erschrickst** – erschrecken → 1
erschrocken – erschrecken → 1
erschütternd → 9
die **Ersparnis,** die Ersparnisse
erst
erstarren, du erstarrst → 7
erstaunt
erstens
ersticken, du erstickst → 1
erstklassig → 8
ertappen, du ertappst → 6
ertrinken, du ertrinkst, er ertrank
ertrunken – ertrinken
erwachsen
der **Erwachsene,** die Erwachsenen
die **Erwachsene**
erwähnen, du erwähnst → 13
sich **erwärmen,** du erwärmst dich → 19
erwidern, du erwiderst
erzählen, du erzählst → 13
die **Erzählung** – erzählen → 13
die **Erziehung** – erziehen → 12

es

es
der **Esel,** die Esel
der **Eskimo,** die Eskimos
essbar → 8
das **Essen,** die Essen → 8
essen, du isst, er aß → 8
der **Essig** → 8
der **Esslöffel** – essen → 8, 2

et

die **Etage,** die Etagen
etliche
das **Etui,** die Etuis
etwa
etwas

eu

euch → 21
euer → 21
die **Eule,** die Eulen → 21
Europa, europäisch → 21
der **Europäer,** die Europäer → 21
die **Europäerin,** die Europäerinnen → 21
das **Euter,** die Euter → 21

★ **rr** entsteht durch Zusammensetzen mit **er-**. ★

ev

evangelisch
das **Evangelium,** die Evangelien
eventuell → 3

ew

ewig
die **Ewigkeit**

ex

exakt
das **Examen,** die Examen
das **Exemplar,** die Exemplare
die **Expedition,** die Expeditionen
das **Experiment** – experimentieren
die **Explosion** – explodieren
der **Express** → 8
extra

F

fa

die **Fabel,** die Fabeln
fabelhaft
die **Fabrik,** die Fabriken
das **Fach,** die Fächer
die **Fackel,** die Fackeln → 1
fad[e]
der **Faden,** die Fäden
fähig
die **Fähigkeit,** die Fähigkeiten
die **Fahndung** – fahnden → 13 ★
die **Fahne,** die Fahnen → 13 ★
die **Fähre,** die Fähren → 13 ★
fahren, du fährst, er fuhr ★
der **Fahrer,** die Fahrer → 13 ★
die **Fahrerin,** die Fahrerinnen ★
das **Fahrrad,** die Fahrräder → 13 ★
du **fährst** – fahren → 13 ★
die **Fahrt,** die Fahrten → 13 ★
die **Fährte,** die Fährten → 19 ★
das **Fahrzeug** – fahren → 13, 21 ★
fair
der **Fall,** die Fälle → 3
die **Falle,** die Fallen → 3
fallen, du fällst, er fiel
fällig → 19, 3
falls → 3
du **fällst** – fallen → 19, 3
falsch
fälschen, du fälschst → 19
die **Falte** – falten
der **Falter,** die Falter
faltig
die **Familie,** die Familien
er **fand** – finden → 23
fangen, du fängst, er fing
du **fängst** – fangen → 19
die **Fantasie** [Phantasie], die Fantasien → 11
fantastisch [phantastisch]

★ Sprich den Selbstlaut vor dem **h** lang. ★

F

die **Farbe,** die Farben
färben, du färbst → 19
farbig ★
die **Farm,** die Farmen
der **Fasan,** die Fasane
der **Fasching**
die **Faser,** die Fasern
das **Fass,** die Fässer → 8
fassen, du fasst → 8
die **Fassung** – fassen → 8
fast (fast so groß)
fasten, du fastest
die **Fastnacht**
fauchen, du fauchst
faul
faulen, es fault
der **Faulenzer** – faulenzen
die **Faulenzerin**
die **Faulheit** – faul
die **Faust,** die Fäuste
das **Fax** (ein Fax schicken)
die **Faxen** (Faxen machen)

fe

der **Februar**
die **Feder,** die Federn
die **Fee,** die Feen → 16
fegen, du fegst
fehlen, du fehlst → 13
der **Fehler,** die Fehler → 13
fehlerlos → 13
die **Feier,** die Feiern
feierlich
feiern, du feierst
feig[e]
der **Feigling,** die Feiglinge
die **Feile** – feilen
fein
der **Feind,** die Feinde → 23
feindlich
die **Feindschaft,** die Feindschaften
das **Feld,** die Felder → 23
die **Felge,** die Felgen
das **Fell,** die Felle → 3
der **Fels[en],** die Felsen
felsig ★
das **Fenster,** die Fenster
die **Ferien**
das **Ferkel,** die Ferkel
fern
die **Ferne**
das **Fernsehen,** beim Fernsehen
fernsehen, du siehst fern
der **Fernseher,** die Fernsehgeräte
die **Ferse,** die Fersen
fertig ★
die **Fessel,** die Fesseln → 8
fesseln, du fesselst → 8
fest (fest verschnüren)
das **Fest,** die Feste
festlich
fett → 9

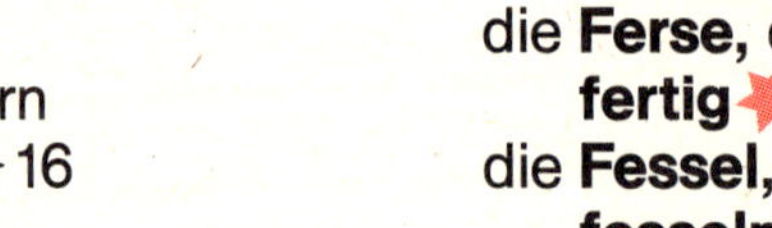

★ **-ig** wird am Wortende oft wie **-ich** gesprochen. ★

das **Fett,** die Fette → 9
fettig → 9 ✶
der **Fetzen,** die Fetzen → 10
feucht → 21
die **Feuchtigkeit** → 21
das **Feuer,** die Feuer → 21
feurig → 21 ✶
die **Feuerwehr** → 21, 13

fi

die **Fibel,** die Fibeln
die **Fichte,** die Fichten
das **Fieber** → 11
fiebrig → 11 ✶
er **fiel** – fallen → 11
die **Figur,** die Figuren
der **Film** – filmen
der **Filter,** die Filter
filtern, du filterst
der **Filzschreiber**
der **Filzstift,** die Filzstifte
das **Finanzamt,** die Finanzämter
finden, du findest, er fand
er **fing** – fangen
der **Finger,** die Finger
der **Fink,** die Finken
Finnland, finnisch → 5
finster
die **Finsternis**
die **Firma,** die Firmen
der **Firmling,** die Firmlinge
die **Firmung**
der **Fisch,** die Fische
fischen, du fischst
fit
fix

fl

flach
die **Fläche** – flach → 19
flackern, es flackert → 1
die **Flagge,** die Flaggen
die **Flamme,** die Flammen → 4
die **Flasche,** die Flaschen
flattern, es flattert → 9
flau
der **Flaum** (die Flaumfedern)
die **Flaute,** die Flauten
flechten, du flichtst, er flocht
der **Fleck,** die Flecken → 1
fleckig → 1
die **Fledermaus,** die Fledermäuse
der **Flegel,** die Flegel
flehen, du flehst
das **Fleisch**
fleischig ✶
der **Fleiß**
fleißig ✶
flennen, du flennst → 5
fletschen, du fletschst
du **flichtst** – flechten
flicken, du flickst → 1
der **Flieder** → 11
die **Fliege,** die Fliegen → 11

F

✶ **-ig** wird am Wortende oft wie **-ich** gesprochen. ✶

fliegen, du fliegst, er flog
fliehen, du fliehst, er floh → 12
die **Fliese,** die Fliesen → 11
das **Fließband,**
die Fließbänder → 11, 23
fließen, es fließt, es floss → 18
flimmern, es flimmert → 4
flink
flitzen, du flitzt → 10
er **flocht** – flechten
die **Flocke,** die Flocken
er **flog** – fliegen
der **Floh,** die Flöhe
er **floh** – fliehen
das **Floß,** die Flöße → 18
es **floss** – fließen
die **Flosse,** die Flossen → 8
die **Flöte** – flöten
flott → 9
der **Fluch,** die Flüche
fluchen, du fluchst
die **Flucht** – fliehen
flüchten, du flüchtest
flüchtig
der **Flüchtling,** die Flüchtlinge
der **Flug,** die Flüge
der **Flügel,** die Flügel
flügge
das **Flugzeug,** die Flugzeuge
flunkern, du flunkerst
der **Flur,** die Flure
der **Fluss,** die Flüsse → 8
flüssig → 8
die **Flüssigkeit** → 8
flüstern, du flüsterst
die **Flut,** die Fluten
das **Flutlicht**

fo

das **Fohlen,** die Fohlen → 13
der **Föhn** (Wind, Haartrockner) → 13
die **Föhre,** die Föhren → 13
die **Folge,** die Folgen
folgen, du folgst
die **Folie,** die Folien
foltern
fordern, du forderst
die **Forderung** – fordern
die **Forelle,** die Forellen → 3
die **Form,** die Formen
formen, du formst
das **Formular,** die Formulare
forschen, du forschst
der **Forscher,** die Forscher
die **Forscherin,** die Forscherinnen
die **Forschung**
der **Förster,** das Forstamt
fort ✶
die **Fortsetzung** – fortsetzen → 10
das **Foto,** die Fotos
der **Fotograf,** die Fotografen
die **Fotografie** [Photographie],
die Fotografien

✶ Nicht alle Wörter mit **fort-** stehen hier. Schlage getrennt nach. ✶

fotografieren,
du fotografierst → 14
die **Fotografin,** die Fotografinnen ★
die **Fotokopie,** die Fotokopien

fr

der **Frachter,** die Frachter
die **Frage,** die Fragen
fragen, du fragst
Franken, fränkisch
frankieren, du frankierst → 14
Frankreich, französisch
der **Franzose,** die Franzosen
die **Französin,** die Französinnen
das **Französisch**
der **Fraß** → 18
er **fraß** – fressen → 18
die **Fratze,** die Fratzen → 10
die **Frau,** die Frauen
das **Fräulein,** die Fräulein → 20 ★
frech
der **Frechdachs**
die **Frechheit,** die Frechheiten
frei
freihändig → 19
die **Freiheit,** die Freiheiten
freilich
der **Freitag,** am Freitag
freitags
freiwillig → 3
fremd → 23
der **Fremde,** die Fremden
fressen, du frisst, er fraß → 8
die **Freude** → 21
freudig → 21
sich **freuen,** du freust dich → 21
der **Freund,** die Freunde → 21, 23
die **Freundin,** die Freundinnen ★
freundlich → 21
die **Freundschaft,**
die Freundschaften → 21
freundschaftlich → 21
der **Friede[n]** → 11
der **Friedhof,** die Friedhöfe → 11
friedlich → 11
frieren, du frierst, er fror → 11
frisch
der **Friseur** [Frisör], die Friseure ★
die **Friseuse,** die Friseusinnen ★
[die Friseurin, die Friseurinnen]
frisieren, du frisierst → 14
der **Frisör,** die Frisöre → Friseur
er **frisst** – fressen → 8
die **Frist,** die Fristen
fristlos
die **Frisur,** die Frisuren
froh
fröhlich
fromm → 4
Fronleichnam
frontal
er **fror** – frieren
der **Frosch,** die Frösche

F

★ Beachte Einzahl und Mehrzahl. ★

der **Frost,** der Nachtfrost
frösteln, du fröstelst
frostig
das **Frotteehandtuch**
frottieren, du frottierst → 14
das **Frottierhandtuch**
die **Frucht,** die Früchte
fruchtbar
früh
früher
frühestens
das **Frühjahr**
der **Frühling**
das **Frühstück** – frühstücken → 1
frühstücken, du frühstückst → 1

fu

der **Fuchs,** die Füchse
fuchsteufelswild → 21, 23
die **Fuge,** die Fugen
sich **fügen,** du fügst dich
fühlen, du fühlst → 13 ✶
der **Fühler,**
die Fühler (beim Käfer)
er **fuhr** – fahren → 13
führen, du führst → 13
der **Führerschein** → 13
füllen, du füllst, er füllte das
Glas mit Wasser → 3 ✶
der **Füller,** die Füller
(zum Schreiben) → 3
der **Fund,** die Funde → 23
fünf
fünfzehn → 13
fünfzig
der **Funk**
der **Funke[n],** die Funken
funkeln, es funkelt
funkelnagelneu → 21
für
die **Furcht** – fürchten
furchtbar
sich **fürchten,** du fürchtest dich
fürchterlich
füreinander
der **Fuß,** die Füße → 18
der **Fußgänger,** die Fußgänger
die **Fußgängerin**
futsch
das **Futter** → 9
füttern, du fütterst → 9

G

ga

er **gab** – geben
die **Gabel,** die Gabeln
der **Gabelstapler**
gackern, es gackert → 1
gaffen, du gaffst → 2

✶ Sprich deutlich: **fühlen – füllen.** ✶

gähnen, du gähnst → 13
die **Galle** → 3
der **Galopp** – galoppieren → 6
er **galt** – gelten
die **Gämse,** die Gämsen
der **Gang,** die Gänge
der **Gangster,** die Gangster
die **Gans,** die Gänse
ganz
gar, gar kein, gar nicht
gar (gar gekocht)
die **Garage,** die Garagen
die **Garantie** – garantieren
die **Garderobe,** die Garderoben
die **Gardine,** die Gardinen
gären, es gärt, gegoren
das **Garn,** die Garne
die **Garnitur,** die Garnituren
garstig
der **Garten,** die Gärten
der **Gärtner,** die Gärtner → 19
die **Gärtnerei,** die Gärtnereien → 19
die **Gärtnerin,** die Gärtnerinnen
das **Gas,** die Gase
das **Gässchen,** die Gässchen → 8, 19
die **Gasse,** die Gassen → 8
der **Gast,** die Gäste
die **Gaststätte,** die Gaststätten → 9
der **Gatte** → 9
die **Gattin** → 9
der **Gaul,** die Gäule
der **Gaumen,** die Gaumen
der **Gauner,** die Gauner

geb

das **Gebäck** (Plätzchen) → 19, 1 ★
das **Gebäude,** die Gebäude → 20
das **Gebell** – bellen → 3
geben, du gibst, er gab
das **Gebet,** die Gebete
gebeten – bitten
das **Gebiet,** die Gebiete → 11
das **Gebirge,** die Gebirge
gebirgig
das **Gebiss,** die Gebisse → 8
gebissen – beißen → 8
geblieben – bleiben → 11
gebogen – biegen
geboren
das **Gebot,** die Gebote
geboten – bieten
gebracht – bringen
gebrannt – brennen → 5
gebrauchen, du gebrauchst
die **Gebrauchsanweisung**
gebrochen – brechen
die **Gebühr,** die Gebühren → 13
gebunden – binden
die **Geburt,** die Geburten
der **Geburtstag,** die Geburtstage
das **Gebüsch**

★ Unterscheide: das Ge**b**äck – das Ge**p**äck. ★

G

ged

gedacht – denken
das **Gedächtnis**
der **Gedanke,** die Gedanken
das **Gedicht** – dichten
das **Gedränge** – drängen → 19
gedroschen – dreschen
die **Geduld** → 23
geduldig
gedurft – dürfen

gee

geehrt → 13 *
geeignet *

gef

die **Gefahr,** die Gefahren → 13
gefährlich → 19, 13
gefallen → 3
gefällig → 19, 3
gefälligst → 19, 3
der **Gefangene,** die Gefangenen
die **Gefangene**
das **Gefängnis,** die Gefängnisse → 19
das **Gefäß,** die Gefäße → 18
das **Gefieder** → 11
geflochten – flechten
geflogen – fliegen
geflohen – fliehen
geflossen – fließen → 8
das **Geflügel**
gefräßig → 18
die **Gefriertruhe** – gefrieren → 11
gefroren – frieren
das **Gefühl,** die Gefühle → 13
gefunden – finden

geg

gegangen – gehen
gegen
die **Gegend,** die Gegenden → 23
gegeneinander
gegenseitig
der **Gegenstand,** die Gegenstände → 23
das **Gegenteil**
gegenüber
die **Gegenwart**
geglimmt – glimmen → 4
geglitten – gleiten → 9
der **Gegner,** die Gegner
die **Gegnerin,** die Gegnerinnen
gegolten – gelten
gegoren – gären
gegossen – gießen → 8
gegriffen – greifen → 2

geh

gehabt – haben
das **Gehalt,** die Gehälter
gehangen – hängen
gehässig → 19, 8
das **Gehäuse** → 20
das **Gehege,** die Gehege
geheim

* **ee** entsteht durch Zusammensetzen mit **ge-**. *

das **Geheimnis,** die Geheimnisse
gehen, du gehst, er ging
geheuer → 21
das **Gehirn**
die **Gehirnerschütterung** → 9
gehoben – heben
geholfen – helfen
das **Gehör** – hören
gehorchen, du gehorchst
gehören, es gehört mir

gei

der **Geier,** die Geier
die **Geige,** die Geigen
geil
die **Geisel,** die Geiseln
die **Geiselnahme** → 13
der **Geist,** die Geister
der **Geistliche,** die Geistlichen
der **Geizhals,** die Geizhälse
geizig

gek

gekannt – kennen → 5
geklungen – klingen
gekniffen – kneifen → 2
gekonnt – können → 5

gel

das **Gelächter** → 19
gelähmt → 19, 13
das **Gelände** → 19
das **Geländer,** die Geländer
es **gelang** – gelingen
gelassen → 8
gelaunt
gelb → 22
das **Geld,** die Gelder → 23
die **Geldbörse,** die Geldbörsen
das **Gelee,** die Gelees → 16 ✶
gelegen – liegen
die **Gelegenheit,** die Gelegenheiten
gelegentlich
das **Gelenk,** die Gelenke
gelenkig
geliehen – leihen → 12
gelingen, es gelingt, es gelang
gelitten – leiden → 9
gelockt → 1
gelten, es gilt, es galt
gelungen – gelingen

gem

das **Gemälde,** die Gemälde → 19
gemein
die **Gemeinde,** die Gemeinden
der **Gemeinderat,** die Gemeinderäte
die **Gemeinderätin**
die **Gemeinheit**
gemeinsam
die **Gemeinschaft,** die Gemeinschaften
gemieden – meiden → 11
gemocht – mögen

G

✶ Dieses Wort wird anders geschrieben als gesprochen. ✶

gemolken – melken
das **Gemurmel** – murmeln
das **Gemüse,** die Gemüse
gemusst – müssen → 8 ★
gemütlich
gen
genannt – nennen → 5
genau
die **Genauigkeit**
genehmigen,
du genehmigst → 13
die **Genehmigung,**
die Genehmigungen → 13
die **Generation,** die Generationen
der **Generator,** die Generatoren
das **Genick** → 1
genießen, du genießt,
er genoss ★
der **Genitiv**
genommen – nehmen → 4
er **genoss** – genießen ★
genossen – genießen → 8 ★
genug
genügend → 23
der **Genuss,** die Genüsse → 8
geo
die **Geometrie**
gep
das **Gepäck** (Koffer) → 1
gepasst – passen → 8 ★
gepfiffen – pfeifen → 2
gepresst – pressen → 8 ★
geq
gequollen – quellen → 3
ger
gerade
geradeaus
gerannt – rennen → 5
das **Gerät,** die Geräte
geraten, du gerätst
du **gerätst** – geraten → 19
geräumig → 20
das **Geräusch,**
die Geräusche → 20
gerecht
die **Gerechtigkeit**
das **Gericht,** die Gerichte
gerieben – reiben → 11
geriet – geraten → 11
gering
gerissen – reißen → 8 ★
geritten – reiten → 9
gern[e]
gerochen – riechen
das **Geröll** → 3
geronnen – rinnen → 5
die **Gerste**
der **Geruch,** die Gerüche
das **Gerücht,** die Gerüchte
das **Gerümpel**
gerungen – ringen
das **Gerüst,** die Gerüste

★ Nach kurzem Selbstlaut steht **-ss.** ★

ges

gesamt
gesandt – senden
der **Gesang** – singen
das **Geschäft,** die Geschäfte
geschäftlich
es **geschah** – geschehen
geschehen, es geschieht
gescheit
das **Geschenk** – schenken
die **Geschichte,** die Geschichten
die **Geschicklichkeit** → 1
geschickt → 1
geschieden – scheiden → 11
es **geschieht** – geschehen → 12
geschienen – scheinen → 11
das **Geschirr,** die Geschirre → 7 ✶
das **Geschlecht,** die Geschlechter
geschlichen – schleichen
geschliffen – schleifen → 2 ✶
geschlossen – schließen → 8 ✶
der **Geschmack** – schmecken → 1
geschmacklos → 1
geschmackvoll → 1, 3
geschmeidig
geschmolzen – schmelzen
das **Geschnatter** – schnattern → 9 ✶
geschnitten – schneiden → 9 ✶
geschoben – schieben
geschoren – scheren
das **Geschoss,** die Geschosse → 8 ✶
geschossen – schießen → 8 ✶
geschrieben – schreiben → 11
geschrien – schreien → 11
geschritten – schreiten → 9 ✶
das **Geschwätz** → 10
geschwätzig → 10
geschwiegen – schweigen → 11
geschwind → 23
die **Geschwindigkeit**
die **Geschwister**
geschwollen – schwellen → 3 ✶
geschwommen – schwimmen → 4 ✶
geschworen – schwören
geschwungen – schwingen
das **Geschwür,** die Geschwüre
gesehen – sehen
der **Geselle,** die Gesellen → 3 ✶
die **Gesellin,** die Gesellinnen → 3 ✶
die **Gesellschaft,** die Gesellschaften → 3 ✶
gesendet – senden
das **Gesetz,** die Gesetze → 10
das **Gesicht,** die Gesichter
gesoffen – saufen → 2 ✶
das **Gespenst,** die Gespenster
gespenstisch
gespien – speien
gesponnen – spinnen → 5 ✶
das **Gespräch,** die Gespräche

G

✶ Sprich den Selbstlaut vor dem doppelten Mitlaut kurz. ✶

gesprächig
gesprenkelt
gesprochen – sprechen
gesprossen – sprießen → 8
gesprungen – springen
die **Gestalt,** die Gestalten
gestalten, du gestaltest
gestanden – stehen
das **Geständnis** – gestehen
der **Gestank** – stinken
gestattet – gestatten → 9
gestehen, du gestehst, er gestand
das **Gestell,** die Gestelle → 3
gestern, gestern Mittag
gestiegen – steigen → 11
das **Gestöber**
gestochen – stechen
gestohlen – stehlen → 13
gestorben – sterben
gestrichen – streichen
das **Gestrüpp** → 6
gestunken – stinken
gesund → 23
gesünder – gesund
die **Gesundheit**
gesungen – ein Lied singen
gesunken – Schiffe sinken

get

getan – tun
das **Getöse** – tosen
das **Getränk** – trinken → 19
das **Getreide**
getrieben – treiben → 11
getroffen – treffen → 2
getrunken – trinken

gew

das **Gewächs** – wachsen → 19
die **Gewalt,** die Gewalten
gewaltig
das **Gewand,** die Gewänder → 23✱
gewandt (gewandt sprechen)✱
er **gewann** – gewinnen → 5
das **Gewässer,** die Gewässer → 8
das **Gewehr,** die Gewehre → 13
das **Geweih,** die Geweihe
gewesen – sein
das **Gewicht,** die Gewichte
der **Gewinn,** die Gewinne → 5
gewinnen, du gewinnst, er gewann → 5
gewiss
das **Gewissen** → 8
gewissenhaft → 8
das **Gewitter,** die Gewitter → 9
gewogen – wiegen
gewöhnen, du gewöhnst → 13
die **Gewohnheit,** die Gewohnheiten → 13

✱ Unterscheide: das Gewan**d** – gewan**dt**. ✱

gewöhnlich → 13
gewohnt → 13
das **Gewölbe,** die Gewölbe
gewölbt
gewollt – wollen → 3
gewonnen – gewinnen → 5
geworben – werben
geworden – werden
geworfen – werfen
gewunden – sich winden
das **Gewürz,** die Gewürze
gewusst – wissen → 8

gez

gezackt → 1 ✸
gezogen – ziehen
gezwungen – zwingen

gi

du **gibst** – geben
der **Giebel,** die Giebel → 11
gierig → 11
gießen, du gießt,
es goss → 18
das **Gift,** die Gifte
giftig
es **gilt** – gelten
er **ging** – gehen
der **Gipfel,** die Gipfel
der **Gips**
gipsen, du gipst
die **Giraffe,** die Giraffen → 2
die **Girlande,** die Girlanden
die **Gitarre,** die Gitarren → 7
das **Gitter,** die Gitter → 9

gl

der **Glanz** – glänzen
glänzen, du glänzt → 19
das **Glas,** die Gläser
glatt → 9
die **Glätte** – glatt → 19, 9
die **Glatze,** die Glatzen → 10
der **Glaube** – glauben
glauben, du glaubst
gläubig → 20
gleich
das **Gleichgewicht**
gleichmäßig → 19
gleichzeitig
das **Gleis,** die G[e]leise
gleiten, du gleitest, er glitt
(über das Eis gleiten)
der **Gletscher,** die Gletscher
das **Glied,** die Glieder → 11
gliedern, du gliederst → 11
glimmen, es glimmt,
es glomm → 4
(die Asche glimmt noch)
glimpflich
glitschig
er **glitt** – gleiten → 9
glitzern, es glitzert → 10
der **Globus,** die Globusse
die **Glocke,** die Glocken → 1 ✸

✸ Sprich den Selbstlaut vor **ck** kurz. ✸

es **glomm,** glimmen → 4
glotzen, du glotzt → 10
das **Glück** → 1
gluckern, es gluckert → 1
glücklich → 1
der **Glückwunsch**
die Glückwünsche → 1
glühen, es glüht
die **Glut,** die Gluten

gn

die **Gnade**
gnädig → 19

go

der **Gockel,** die Gockel → 1
das **Gold** → 23
goldig
die **Gondel,** die Gondeln
der **Gong,** die Gongs
gönnen, du gönnst → 5
der **Gorilla,** die Gorillas → 3
es **goss** – gießen
der **Gott,** die Götter → 9

gr

das **Grab,** die Gräber
graben, du gräbst, er grub
der **Graben,** die Gräben
du **gräbst** – graben → 19
der **Grad** (unter null Grad)
das **Gramm** → 4
die **Grammatik** → 4
das **Gras,** die Gräser
grässlich
die **Gräte,** die Gräten
gratis
gratulieren,
du gratulierst → 14
grau
die **Gräuel,** Gräuelmärchen → 20
sich **grauen,** es graut mir
grauenhaft
gräulich → 20
grausam
grausen, es graust mir [mich]
grausig
greifen, du greifst, er griff
der **Greis** (sehr alter Mann) ✶
die **Greisin** (sehr alte Frau)
grell → 3
die **Grenze,** die Grenzen
Griechenland, griechisch → 11
der **Grießbrei** → 11
der **Griff,** die Griffe → 2
er **griff** – greifen → 2
der **Grill** – grillen → 3
die **Grille,** die Grillen → 3
grillen, du grillst → 3
die **Grimasse,** die Grimassen → 8
grimmig → 4
grinsen, du grinst
die **Grippe** (Krankheit) → 6
grob – gröber → 22
grölen, du grölst

✶ Unterscheide: der **G**reis – der **K**reis. ✶

der **Groschen,** die Groschen
groß, größer, am größten → 18
Großbritannien, britisch
die **Größe** – groß → 18
die **Großeltern** → 18
größer – groß → 18
er **grub** – graben
die **Grube,** die Gruben ★
grün
der **Grund,** die Gründe → 23
gründen, du gründest
gründlich
der **Grundriss,** die Grundrisse → 8
grundsätzlich → 19, 10
grunzen, du grunzt
die **Gruppe,** die Gruppen → 6 ★
gruselig
gruseln, es gruselt mich
der **Gruß,** die Grüße → 18
grüßen, du grüßt → 18

gu

gucken, du guckst → 1
das **Gulasch**
gültig
der **Gummi,** die Gummis → 4
günstig
die **Gurgel,** die Gurgeln
gurgeln, du gurgelst
die **Gurke,** die Gurken
der **Gurt,** die Gurte
der **Gürtel,** die Gürtel
der **Guss,** die Güsse (Regenguss) → 8
gut, alles Gute
das **Gut,** die Güter (ein Rittergut)
der **Güterbahnhof** → 13
gütig

gy

das **Gymnasium,** die Gymnasien
die **Gymnastik**

H

ha

das **Haar,** die Haare → 15
haarig → 15
haben, du hast, er hatte
habgierig → 11
der **Habicht,** die Habichte
die **Hachse** → Haxe
die **Hacke,** die Hacken → 1
hacken, du hackst → 1
der **Hafen,** die Häfen
der **Hafer**
die **Haft**
haften, es haftet
der **Häftling,** die Häftlinge → 19
der **Hagel** – hageln
hageln, es hagelt

★ Unterscheide: die Gru**b**e – die Gru**pp**e. ★

H

der **Hahn,** die Hähne → 13
der **Hai,** die Haie
häkeln, du häkelst → 19
der **Haken,** die Haken
halb → 22
halbieren, du halbierst → 14
er **half** – helfen
die **Hälfte,** die Hälften
die **Halle,** die Hallen → 3
hallo → 3
der **Halm,** die Halme
die **Halogenlampe**
der **Hals,** die Hälse
haltbar
halten, du hältst, er hielt
du **hältst** – halten → 19
die **Haltung**
hämisch
der **Hammel,** die Hammel → 4
der **Hammer,** die Hämmer → 4
hämmern, du hämmerst → 4
der **Hampelmann**
hampeln, du hampelst
der **Hamster,** die Hamster
hamstern, du hamsterst
die **Hand,** die Hände → 23
der **Handel** – handeln
handeln, du handelst
der **Händler,** die Händler → 19
die **Händlerin** → 19
die **Handlung,** die Handlungen
der **Handwerker,** die Handwerker
die **Handwerkerin**
der **Hang,** die Hänge
hängen, du hängst,
er hing [hängte]
(hängen bleiben)
du **hängst** – hängen
hänseln, du hänselst
hantieren, du hantierst → 14
der **Happen,** die Happen → 6
happy (glücklich)
das **Härchen,** die Härchen → 19 ✶
die **Harke** – harken
harmlos
die **Harmonika,** die Harmonikas
die **Harpune,** die Harpunen
hart
die **Härte** – hart → 19
härter – hart → 19
hartnäckig → 1
das **Harz,** die Harze
harzig
haschen, du haschst
der **Hase,** die Hasen
die **Haselnuss,** die Haselnüsse → 8
der **Hass** – hassen → 8
hassen, du hasst → 8
hässlich
die **Hast** (Eile)
du **hast** – haben
hasten, du hastest

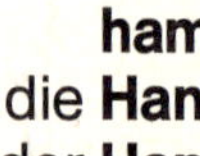

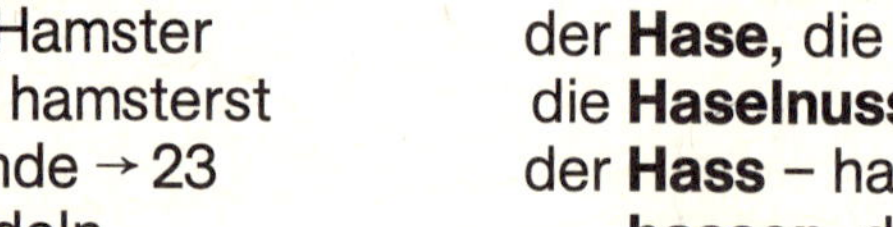

✶ Beachte: das H**aa**r – das H**ä**rchen. ✶

hastig
er **hat** – haben
er **hatte** – haben → 9
die **Haube,** die Hauben
der **Hauch** – hauchen
hauchen, du hauchst
hauen, du haust
der **Haufen,** die Haufen
häufig → 20
das **Haupt,** die Häupter
der **Häuptling,**
die Häuptlinge → 20
die **Hauptsache,**
die Hauptsachen
das **Haus,** die Häuser
der **Hausarrest** → 7
nach **Hause** (zu Hause sein)
hausen, du haust
der **Haushalt,** die Haushalte
der **Hausierer** – hausieren → 14
die **Hausiererin** → 14
die **Haut,** die Häute
die **Haxe** [Hachse], die Haxen

he

der **Hebel,** die Hebel
heben, du hebst, er hob
der **Hecht,** die Hechte
hechten, du hechtest
das **Heck,** die Hecks → 1
die **Hecke,** die Hecken → 1
das **Heer,** die Heere → 16
die **Hefe**
das **Heft,** die Hefte
heftig
das **Heftpflaster**

hei

die **Heide** (Landschaft)
der **Heide** (Nichtchrist),
die Heiden
die **Heidelbeere** → 16
heil
der **Heiland**
heilen, es heilt
heilig
heillos
heilsam
heim (heimgehen)
das **Heim,** die Heime
(Kinderheim)
die **Heimat**
heimlich
heimwärts ✶
das **Heimweh**
die **Heirat,** die Heiraten
heiraten, du heiratest
heiser
die **Heiserkeit**
heiß
heißen, du heißt, er hieß
heiter
heizen, du heizt
die **Heizung,** die Heizungen

✶ Denke an weitere Zusammensetzungen mit **-wärts.** ✶

H

hel
der **Held,** die Helden → 23
helfen, du hilfst, er half
hell → 3
die **Helligkeit** → 3
der **Helm,** die Helme

hem
das **Hemd,** die Hemden → 23
hemmen, du hemmst → 4

hen
der **Hengst,** die Hengste
der **Henkel,** die Henkel
die **Henne,** die Hennen → 5

her
her ★
herab
herauf
heraus
herb → 22
herbei
die **Herberge,** die Herbergen
der **Herbst**
herbstlich
der **Herd,** die Herde (Elektroherd)
die **Herde,** die Herden (Schafherde)
herein
der **Hering,** die Heringe
der **Herr,** die Herren → 7
herrlich → 7
herrschen, du herrschst → 7
herüber
herum
herumlungern, du lungerst herum
herunter
hervor
hervorragend → 23
das **Herz,** die Herzen
herzlich
Hessen, hessisch

het
die **Hetze** → 10
hetzen, du hetzt → 10

heu
das **Heu** → 21
heucheln, du heuchelst → 21
heuer → 21
heulen, du heulst → 21
die **Heuschrecke,** die Heuschrecken → 21, 1
heute, heute Abend → 21

hex
die **Hexe,** die Hexen
hexen, du hext

hi
der **Hieb,** die Hiebe → 11, 22
er **hielt** – halten → 11
hier → 11
hierher → 11
er **hieß** – heißen → 11
die **Hilfe,** die Hilfen

★ Nicht alle Wörter mit **her-** stehen hier. Schlage getrennt nach. ★

hilflos
hilfsbereit
du **hilfst,** helfen
die **Himbeere,** die Himbeeren → 16
der **Himmel** → 4
himmlisch → 4
hin ✱
hinab
hinauf
hinaus
das **Hindernis,** die Hindernisse
hinein
er **hing** – hängen
hinken, du hinkst
hinten
hinter
hintereinander
der **Hintergrund,** die Hintergründe → 23
der **Hinterhalt,** die Hinterhalte
hinterhältig → 19
hinterher
hinterlistig
der **Hintern,** die Hintern
hinterrücks → 1
hinüber
hinunter
der **Hinweis** – hinweisen
der **Hirsch,** die Hirsche
der **Hirt[e],** die Hirten
die **Hitze** → 10
hitzefrei

ho

er **hob** – heben
das **Hobby,** die Hobbys
der **Hobel,** die Hobel
hobeln, du hobelst
hoch
höchstens
die **Hochzeit,** die Hochzeiten
die **Hocke,** die Hocken → 1
hocken, du hockst → 1
der **Hocker,** die Hocker → 1
der **Hoden,** die Hoden
der **Hof,** die Höfe
hoffen, du hoffst → 2
hoffentlich → 2
die **Hoffnung,** die Hoffnungen → 2
höflich
die **Höflichkeit**
die **Höhe** – hoch
höher, am höchsten – hoch
hohl → 13
die **Höhle** (Tropfsteinhöhle) → 13
der **Hohn** → 13
höhnisch → 13
holen, du holst
Holland, holländisch → 3
die **Hölle** (Himmel und Hölle) → 3
höllisch → 3

✱ Nicht alle Wörter mit **hin-** stehen hier. Schlage getrennt nach. ✱

H

holp[e]rig
das **Holz,** die Hölzer
hölzern
der **Honig**
der **Hopfen**
hopp → 6
hoppeln, du hoppelst
hoppla → 6
hopsen, du hopst
der **Hopser,** die Hopser
hörbar
horchen, du horchst
hören, du hörst
der **Hörer** – hören
die **Hörerin,** die Hörerinnen
der **Horizont**
das **Horn,** die Hörner
die **Hornisse,** die Hornissen → 8
der **Hort,** die Horte
die **Hose,** die Hosen
das **Hospital,** die Hospitäler
die **Hostie,** die Hostien
das **Hotel,** die Hotels

hu

hübsch
der **Hubschrauber,** die Hubschrauber
huckepack → 1
der **Huf,** die Hufe
die **Hüfte,** die Hüften
der **Hügel,** die Hügel
hüg[e]lig
das **Huhn,** die Hühner → 13
die **Hülle,** die Hüllen → 3
die **Hülse,** die Hülsen
die **Hummel,** die Hummeln → 4
der **Humor**
humpeln, du humpelst
der **Humus** (die Humuserde)
der **Hund,** die Hunde → 23
hundert
der **Hunger**
hungern, du hungerst
hungrig
die **Hupe,** die Hupen
hupen, du hupst
hüpfen, du hüpfst
die **Hürde,** die Hürden
hurra → 7
hurtig
huschen, du huschst
der **Husten**
husten, du hustest
der **Hut,** die Hüte (Sonnenhüte)
hüten, du hütest
die **Hütte** (Hundehütte) → 9

hy

der **Hydrant,** die Hydranten ✱
die **Hygiene** ✱
hygienisch ✱

✱ **y** wird wie **ü** gesprochen. ✱

I

i

ich
ideal
die **Idee,** die Ideen → 16
der **Idiot,** die Idioten
der **Igel,** die Igel
das **Iglu,** die Iglus
ihr
die **Illustrierte,**
die Illustrierten → 3, 11 ★

im

im (im Haus)
der **Imbiss,** die Imbisse → 8
der **Imker,** die Imker
die **Imkerin**
immer, immer wieder → 4
impfen, du wirst geimpft
die **Impfung,** die Impfungen
imponieren,
du imponierst mir → 14 ★

in

in (in der Schule)
indem
indessen → 8
der **Indianer,** die Indianer
die **Indianerin,** die Indianerinnen
die **Industrie,** die Industrien
ineinander
die **Infektion,** die Infektionen ★
der **Infinitiv,** die Infinitive ★
die **Information** – informieren ★
der **Ingenieur,** die Ingenieure ★
die **Ingenieurin** ★
der **Inhaber,** die Inhaber
die **Inhaberin,** die Inhaberinnen
der **Inhalt,** die Inhalte
innen (innen und außen)
innerhalb → 5
innerlich → 5
innig → 5
ins (ins Bett gehen)
das **Insekt,** die Insekten
die **Insel,** die Inseln
das **Inserat,** die Inserate
insgesamt
der **Inspektor,** die Inspektoren ★
die **Inspektorin** ★
der **Installateur,**
die Installateure → 3 ★
der **Instinkt,** die Instinkte
das **Instrument,** die Instrumente
intelligent → 3 ★
die **Intelligenz** → 3 ★
intensiv ★
interessant → 8 ★
das **Interesse,** die Interessen → 8
sich **interessieren,**
du interessierst dich → 8, 14 ★

I

★ Achte auf die Schreibweise der Fremdwörter. ★

I
J

das **Internat,** die Internate
international
das **Interview** – interviewen ✶
inzwischen
ir
irgend → 23
irgendwie
irgendwo
Irland, irisch
irren, du irrst → 7
der **Irrtum,** die Irrtümer → 7
irrtümlich → 7
is
das **Isolierband** – isolieren → 14
du **isst** – essen
es **ist,** es war – sein
it
Italien, italienisch

J

ja
ja
die **Jacke,** die Jacken → 1
die **Jagd,** die Jagden → 23
jagen, du jagst
der **Jäger** – jagen → 19
das **Jahr,** die Jahre → 13
jährlich → 13
jähzornig
der **Jammer** → 4
jämmerlich → 19, 4
jammern, du jammerst → 4
der **Januar**
Japan, japanisch
japsen, du japst
jäten, du jätest
die **Jauche**
jauchzen, du jauchzt
jaulen, du jaulst
jawohl
der **Jazz,** die Jazzmusik ✶
je
je
die **Jeans** ✶
jedenfalls → 3
jeder
jedoch
der **Jeep,** die Jeeps ✶
jemals
jemand
jener
jenseits
Jesus
jetzt → 10
jeweils
jo
der **Job,** die Jobs ✶
das **Jod**

✶ Dieses Wort wird anders geschrieben als gesprochen. ✶

der **Jodler** – jodeln
die **Jodlerin**
der [das] **Joga [Yoga]**
joggen, du joggst ★
der [das] **Joghurt** [Jogurt], die Joghurts
die **Johannisbeere** → 5, 16
johlen, du johlst → 13
der **Joker,** die Joker ★
jonglieren, du jonglierst → 14 ★

ju

der **Jubel**
jubeln, du jubelst
das **Jubiläum,** die Jubiläen
jucken, es juckt → 1
der **Jude,** die Juden
die **Jüdin,** die Jüdinnen
jüdisch
das **Judo**
die **Jugend**
die **Jugendherberge**
jugendlich
der **Juli**
jung – jünger
der **Junge,** die Jungen
der **Junggeselle,** die Junggesellen → 3
die **Junggesellin,** die Junggesellinnen → 3
der **Juni**
der **Junior,** die Junioren
die **Juniorin,** die Juniorinnen
das **Juwel,** die Juwelen
der **Juwelier** → 11
der **Jux**

K

ka

das **Kabel,** die Kabel
die **Kabine,** die Kabinen
die **Kachel,** die Kacheln
der **Käfer,** die Käfer
der **Kaffee** → 2, 16
der **Käfig,** die Käfige → 24
kahl → 13
der **Kahn,** die Kähne → 13
der **Kai [Quai]** (die Kaimauer)
der **Kaiser,** die Kaiser
die **Kaiserin,** die Kaiserinnen
der **Kaiserschmarren** → 7
der **Kakao,** die Kakaobohnen ★
der **Kaktus,** die Kakteen
das **Kalb,** die Kälber → 22
der **Kalender,** die Kalender
der **Kalk**
die **Kalorie,** die Kalorien
kalt – kälter
die **Kälte** – kalt → 19

J
K

★ Dieses Wort wird anders geschrieben als gesprochen. ★

kam

er **kam** – kommen ✱
das **Kamel,** die Kamele
die **Kamera,** die Kameras
der **Kamerad,** die Kameraden → 23
die **Kameradin,** die Kameradinnen
die **Kameradschaft**
der **Kamillentee** → 3, 16
der **Kamin,** die Kamine
der **Kamm,** die Kämme → 4 ✱
sich **kämmen,** du kämmst dich → 19, 4
die **Kammer,** die Kammern → 4
der **Kampf,** die Kämpfe
kämpfen, du kämpfst → 19

kan

der **Kanal,** die Kanäle
die **Kanalisation** – kanalisieren
der **Kanarienvogel,** die Kanarienvögel
das **Känguru,** die Kängurus
das **Kaninchen,** die Kaninchen
der **Kanister,** die Kanister
ich **kann** – können → 5
die **Kanne,** die Kannen → 5
du **kannst** – können → 5
er **kannte** – kennen → 5
der **Kanon,** die Kanons
die **Kante** (die Tischkante), die Kanten
kantig
die **Kantine,** die Kantinen
das **Kanu,** die Kanus
die **Kanzel,** die Kanzeln

kap

die **Kapelle,** die Kapellen → 3
kapieren, du kapierst → 14
der **Kapitän,** die Kapitäne
das **Kapitel,** die Kapitel
der **Kaplan,** die Kapläne
die **Kappe,** die Kappen → 6
die **Kapsel,** die Kapseln
kaputt → 9
die **Kapuze,** die Kapuzen

kar

das **Karate**
die **Karawane,** die Karawanen
der **Kardinal,** die Kardinäle
der **Karfreitag**
kariert → 11
die **Karies**
der **Karneval**
das **Karnickel,** die Karnickel → 1
das **Karo,** die Karos
die **Karosserie,** die Karosserien → 8
die **Karotte,** die Karotten → 9
der **Karpfen,** die Karpfen
die **Karre,** die Karren → 7

✱ Unterscheide: er ka**m** – der Ka**mm**. ✱

die **Karte,** die Karten
die **Kartei,** die Karteien
die **Kartoffel,** die Kartoffeln → 2
der **Karton,** die Kartons
das **Karussell,**
die Karussells → 8, 3

kas

der **Käse**
die **Kaserne,** die Kasernen
der **Kasper** [der Kasperl]
die **Kasse,** die Kassen → 8
die **Kassette,** die Kassetten,
der Kassettenrekorder → 8, 9
kassieren,
du kassierst → 8, 14
die **Kastanie,** die Kastanien
der **Kasten,** die Kästen

kat

der **Katalog,** die Kataloge
die **Katastrophe,**
die Katastrophen
der **Kater,** die Kater
der **Katholik,** die Katholiken
die **Katholikin**
katholisch
die **Katze,** die Katzen → 10

kau

das **Kauderwelsch**
kauen, du kaust
kauern, du kauerst
der **Kauf,** die Käufe
kaufen, du kaufst
der **Käufer,** die Käufer → 20
der **Kaugummi,**
die Kaugummis → 4
die **Kaulquappe,**
die Kaulquappen → 6
kaum
der **Kauz,** die Käuze

ke

der **Kegel,** die Kegel
kegeln, du kegelst
die **Kehle** (der Kehlkopf) *
kehren, du kehrst → 13
keifen, du keifst
der **Keil,** die Keile
die **Keilerei** – sich keilen
der **Keim,** die Keime
keimen, es keimt
der **Keimling,** die Keimlinge
kein
keiner
keinesfalls → 3
keineswegs
der [das] **Keks,** die Kekse
der **Kelch,** die Kelche
die **Kelle** (eine Schöpfkelle) → 3 *
der **Keller,** die Keller → 3
der **Kellner,** die Kellner → 3
die **Kellnerin,** die Kellnerinnen
kennen, du kennst,
er kannte → 5

K

* Unterscheide: die Ke**h**le – die Ke**ll**e. Sprich deutlich. *

das **Kennzeichen** – kennzeichnen → 5
kentern, du kenterst
die **Kerbe** – einkerben
der **Kerl,** die Kerle
der **Kern,** die Kerne
die **Kerze,** die Kerzen
kerzengerade
der **Kessel,** die Kessel → 8✶
die **Kette,** die Ketten → 9✶
keuchen, du keuchst → 21
der **Keuchhusten** → 21
die **Keule,** die Keulen → 21

ki

kichern, du kicherst
der **Kiefer** (Oberkiefer) → 11
die **Kiefer** (Nadelbaum) → 11
der **Kiel,** die Kiele → 11
die **Kieme,** die Kiemen → 11
der **Kies** → 11
der **Kiesel,** die Kiesel → 11
das **Kilogramm** → 4✶
der **Kilometer,** die Kilometer
der **Kilometerzähler** → 13
das **Kind,** die Kinder → 23
kindisch
kindlich
das **Kinn,** der Kinnhaken → 5✶
das **Kino,** die Kinos
der **Kiosk,** die Kioske
kippen, du kippst → 6✶
die **Kirche,** die Kirchen (Dorfkirche)
die **Kirchweih**
die **Kirmes**
die **Kirsche,** die Kirschen (Sauerkirsche)
das **Kissen,** die Kissen → 8✶
die **Kiste,** die Kisten
der **Kitsch**
kitschig
der **Kitt** – kitten → 9✶
der **Kittel,** die Kittel → 9✶
das **Kitz,** die Kitze → 10
kitz[e]lig → 10
kitzeln, du kitzelst → 10

kla

kläffen, er kläfft → 2✶
die **Klage** – klagen
klagen, du klagst
kläglich → 19
die **Klamm** (Schlucht) → 4✶
klamm (klamme Finger) → 4✶
die **Klammer,** die Klammern → 4✶
sich **klammern,** du klammerst dich → 4✶
die **Klamotten** → 9✶
der **Klang,** die Klänge
es **klang** – klingen
die **Klappe,** die Klappen → 6✶
klappen, es klappt → 6✶
klapp[e]rig → 6

✶ Sprich den Selbstlaut vor dem doppelten Mitlaut kurz. ✶

klappern, du klapperst → 6
der **Klaps,** die Klapse
klar
die **Kläranlage** – klären → 19
klären, du klärst → 19
die **Klasse,** die Klassen → 8
der **Klatsch** (Geschwätz)
klatschen, du klatschst
klauen, du klaust
das **Klavier,** die Klaviere → 11

kle

kleben, du klebst
klebrig
der **Klebstoff,** die Klebstoffe → 2
kleckern, du kleckerst → 1
der **Klecks,** die Kleckse → 1
klecksen, du kleckst → 1
der **Klee** → 16
das **Kleid,** die Kleider → 23
die **Kleidung** – kleiden
klein
die **Kleinigkeit,** die Kleinigkeiten
der **Kleister** – kleistern
die **Klemme** → 4
klemmen, es klemmt → 4
der **Klempner,** die Klempner
die **Klette,** die Kletten → 9
klettern, du kletterst → 9

kli

das **Klima**
der **Klimmzug** → 4
klimpern, du klimperst
die **Klinge,** die Klingen
die **Klingel,** die Klingeln
klingeln, du klingelst
klingen, es klingt, es klang
die **Klinik,** die Kliniken
die **Klinke,** die Klinken
der **Klipp** [**Klips,** Clip]
klirren, es klirrt → 7

klo

das **Klo,** die Klos
klönen, du klönst
klopfen, du klopfst
der **Klops,** die Klopse
der **Kloß,** die Klöße → 18
das **Kloster,** die Klöster
der **Klotz,** die Klötze → 10

klu

der **Klub** [Club], die Klubs
klug, klüger
die **Klugheit**
der **Klumpen,** die Klumpen

kn

knabbern, du knabberst
der **Knabe,** die Knaben ★
das **Knäckebrot** → 1
knacken, du knackst → 1
der **Knacks** → 1
der **Knall** → 3
knallen, es knallt → 3
knapp → 6 ★

★ Unterscheide: der Kn**abe** – kn**app**. Sprich deutlich. ★

knarren, es knarrt → 7
knattern, es knattert → 9
das **Knäuel,** die Knäuel → 20
knaus[e]rig ★
knausern, du knauserst
der **Knecht,** die Knechte
kneifen, du kneifst, er kniff
die **Kneipe,** die Kneipen
kneten, du knetest
der **Knetgummi**
der **Knick,** die Knicke → 1
knicken, du knickst → 1
knick[e]rig → 1 ★
der **Knicks,** die Knickse → 1
das **Knie,** die Knie → 11
knien, du kniest → 11
der **Kniff** (Trick) → 3
er **kniff** – kneifen → 2
kniff[e]lig → 2 ★
knipsen, du knipst
der **Knirps,** die Knirpse
knirschen, du knirschst
knistern, es knistert
knittern, es knittert → 9
knobeln, du knobelst
der **Knoblauch**
der **Knöchel,** die Knöchel
der **Knochen,** die Knochen
der **Knödel,** die Knödel
die **Knolle,** die Knollen → 3
der **Knopf,** die Knöpfe
knöpfen, du knöpfst
der **Knorpel,** die Knorpel
knorp[e]lig ★
knorrig [knorzig] ★
die **Knospe,** die Knospen
der **Knoten,** die Knoten
knoten, du knotest
knüllen, du knüllst → 3
knüpfen, du knüpfst
der **Knüppel,** die Knüppel → 6
knurren, du knurrst → 7
knusp[e]rig ★

ko

k.o.
der **Kobold,** die Kobolde
der **Koch,** die Köche
kochen, du kochst
der **Kocher** (Campingkocher)
die **Köchin,** die Köchinnen
der **Köder** – ködern
der **Koffer,** die Koffer → 2
der **Kohl** → 13
die **Kohle,** die Kohlen → 13
die **Kokosnuss,** die Kokosnüsse → 8
der **Koks**
der **Kolben,** die Kolben
der **Kollege,** die Kollegen → 3
die **Kollegin,** die Kolleginnen
die **Kolonne,** die Kolonnen → 5

K

★ **-ig** wird am Wortende oft wie **-ich** gesprochen. ★

kom

kombinieren, du kombinierst → 14
die **Kombizange**
komfortabel
komisch
das **Komma,** die Kommas → 4
das **Kommando** – kommandieren → 4
kommen, du kommst, er kam
der **Kommissar,** die Kommissare → 4, 8 ★
die **Kommissarin**
die **Kommode,** die Kommoden → 4
die **Kommunion** → 4 ★
kommunizieren, du kommunizierst → 4, 14 ★
die **Komödie,** die Komödien
der **Kompass,** die Kompasse → 8
komplett → 9
das **Kompliment,** die Komplimente
kompliziert → 14
der **Komposthaufen**
das **Kompott** → 9

kon

die **Kondition,** die Konditionen ★
der **Konditor,** die Konditoren
die **Konditorei,** die Konditoreien
die **Konditorin**
die **Konferenz,** die Konferenzen
das **Konfetti** → 9
der **Konfirmand,** die Konfirmanden → 23
die **Konfirmandin**
die **Konfirmation** ★
konfirmieren, du wirst konfirmiert → 14 ★
die **Konfitüre**
der **Konflikt,** die Konflikte
der **König,** die Könige
die **Königin,** die Königinnen
die **Konkurrenz** → 7 ★
können, du kannst, er konnte → 5
er **konnte** – können → 5
die **Konserve,** die Konserven
der **Konsonant,** die Konsonanten
konstruieren, du konstruierst → 14 ★
der **Kontakt,** die Kontakte
das **Konto,** die Konten
die **Kontrolle** → 3
kontrollieren, du kontrollierst → 3, 14
die **Konzentration** ★
sich **konzentrieren,** du konzentrierst dich → 14
das **Konzert,** die Konzerte

★ Achte auf die Schreibweise der Fremdwörter. ★

kop

der **Kopf,** die Köpfe
das **Kopfweh**
die **Kopie,** die Kopien
kopieren, du kopierst → 14

kor

der **Korb,** die Körbe → 22
die **Kordel,** die Kordeln
der **Korken,** die Korken
das **Korn,** die Körner
der **Körper,** die Körper
korrekt → 7 ★
die **Korrektur,** die Korrekturen → 7 ★
der **Korridor,** die Korridore → 7 ★
korrigieren,
du korrigierst → 7, 14 ★

kos

kostbar
kosten, du kostest
die **Kosten** – kosten
köstlich
das **Kostüm,** die Kostüme

kot

der **Kot**
das **Kotelett,** die Koteletts → 9
der **Köter** (Hund), die Köter
der **Kotflügel**
kotzen, du kotzt → 10

kr

krabbeln, du krabbelst ★
der **Krach**
krachen, es kracht
krächzen, du krächzt
die **Kraft,** die Kräfte
kräftig → 19
der **Kragen,** die Kragen
die **Krähe,** die Krähen
krähen, du krähst
krakeelen, du krakeelst → 16
die **Kralle,** die Krallen → 3 ★
kramen, du kramst
der **Kramladen**
der **Krampf,** die Krämpfe
der **Kran,** die Kräne
krank
kränken, du kränkst → 19
die **Krankheit,** die Krankheiten
der **Kranz,** die Kränze
der **Krapfen,** die Krapfen
kratzen, du kratzt → 10
der **Kratzer** – kratzen → 10
kraulen, du kraulst
kraus (krauses Haar)
das **Kraut,** die Kräuter
der **Krawall,** die Krawalle → 3 ★
die **Krawatte,** die Krawatten → 9 ★
kraxeln, du kraxelst
kreativ
der **Krebs,** die Krebse
die **Kreide,** die Kreiden
kreidebleich
der **Kreis,** die Kreise

★ Sprich den Selbstlaut vor dem doppelten Mitlaut kurz. ★

kreischen, du kreischst
der **Kreisel,** die Kreisel
kreisen, du kreist
kreisrund → 23
die **Krem[e]** → Creme
das **Kreuz,** die Kreuze → 21
die **Kreuzung,**
die Kreuzungen → 21
kribbeln, es kribbelt
kriechen, du kriechst,
er kroch
der **Krieg,** die Kriege → 11, 24
kriegen, du kriegst → 11
der **Krimi,** die Krimis
die **Kriminalpolizei**
der **Kringel,** die Kringel
die **Krippe** (Krippenspiel) → 6 ✶
kritisch
kritisieren, du kritisierst → 14
kritzeln, du kritzelst → 10
er **kroch** – kriechen
das **Krokodil,** die Krokodile
der **Krokus,** die Krokusse
die **Krone,** die Kronen
die **Kröte,** die Kröten
die **Krücke,** die Krücken → 1
der **Krug,** die Krüge
der **Krümel,** die Krümel
krumm → 4
sich **krümmen,**
du krümmst dich → 4
der **Krüppel,** die Krüppel → 6
die **Kruste,** die Krusten
das **Kruzifix,** die Kruzifixe

ku

der **Kübel,** die Kübel
die **Küche,** die Küchen
der **Kuchen,** die Kuchen
der **Kuckuck** → 1
die **Kufe,** die Kufen
die **Kugel,** die Kugeln
sich **kugeln,** du kugelst dich
die **Kuh,** die Kühe
kühl → 13
kühlen, du kühlst → 13
der **Kühler,** die Kühler → 13
der **Kühlschrank** → 13
kühn → 13
das **Küken,** die Küken
kullern, du kullerst → 3
die **Kultur,** die Kulturen
der **Kümmel** → 4
der **Kummer** → 4
kümmerlich → 4
sich **kümmern,**
du kümmerst dich → 4
der **Kumpel,** die Kumpel
der **Kunde,** die Kunden
die **Kündigung** – kündigen
die **Kundin,** die Kundinnen
die **Kundschaft**
künftig

✶ Unterscheide: die **K**rippe – die **G**rippe. Sprich deutlich. ✶

die **Kunst,** die Künste
der **Künstler,** die Künstler
die **Künstlerin,** die Künstlerinnen
künstlich
der **Kunststoff,**
die Kunststoffe → 2
die **Kuppe,** die Kuppen → 6
die **Kupplung** – kuppeln → 6
die **Kur,** die Kuren
die **Kurbel** – kurbeln
der **Kürbis,** die Kürbisse
der **Kurs,** die Kurse
die **Kurve,** die Kurven
kurven, du kurvst
kurz
kurzärm[e]lig → 19
die **Kürze** – kurz
kürzen, du kürzt
kürzer – kurz
kürzlich
kurzsichtig
die **Kusine** [Cousine],
die Kusinen
der **Kuss,** die Küsse → 8
küssen, du küsst → 8
die **Küste,** die Küsten
die **Kutsche,** die Kutschen
der **Kutter,** die Kutter → 9
das **Kuvert,** die Kuverts

L

la

lächeln, du lächelst → 19
lachen, du lachst
das **Lachen**
lächerlich → 19
der **Lachs,** die Lachse
der **Lack,** die Lacke → 1
lackieren, du lackierst → 1, 14
laden, du lädst, er lud
der **Laden,** die Läden
du **lädst** – laden → 19
die **Ladung,** die Ladungen
er **lag** – liegen
das **Lager,** die Lager
lagern, du lagerst
lahm → 13
die **Lähmung** – lähmen → 19, 13
der **Laib,** die Laibe (ein Laib Brot)
der **Laich** – laichen
das **Laken,** die Laken
die **Lakritze** → 10
lallen, du lallst → 3
lamentieren,
du lamentierst → 14
das **Lametta** → 9
das **Lamm,** die Lämmer → 4
die **Lampe,** die Lampen

✱ Unterscheide: er la**g** – der La**ck**. Sprich deutlich. ✱

der **Lampion,** die Lampions
das **Land,** die Länder → 23
landen, du landest
die **Landschaft,** die Landschaften
die **Landung** – landen
die **Landwirtschaft**
lang
langärm[e]lig → 19 ★
die **Länge** – lang → 19 ★
langen, es langt
länger – lang → 19 ★
die **Langeweile**
länglich – lang → 19 ★
langsam
längst, am längsten → 19
sich **langweilen,** du langweilst dich
langweilig
der **Lappen,** die Lappen → 6
läppisch → 6
die **Lärche,** die Lärchen (Baum)
der **Lärm** – lärmen
lärmen, du lärmst
die **Larve,** die Larven
er **las** – lesen
lasch
lassen, du lässt, er ließ → 8
lässig → 8
das **Lasso,** die Lassos → 8
du **lässt** – lassen → 8 ★
die **Last,** die Lasten
der **Laster,** die Laster
lästern, du lästerst
lästig → 19 ★
das **Latein,** lateinisch
die **Laterne,** die Laternen
latschen, du latschst
die **Latte,** die Latten → 9
der **Latz,** die Latzhose → 10
lau
das **Laub**
die **Lauer** – lauern
lauern, du lauerst
der **Lauf,** die Läufe
laufen, du läufst, er lief
laufend → 23
der **Läufer** – laufen → 20
die **Läuferin,** die Läuferinnen → 20
du **läufst** – laufen → 20
die **Laune,** die Launen
launisch
die **Laus,** die Läuse
der **Lausbub,** die Lausbuben
lauschen, du lauschst
laut
der **Laut,** die Laute
läuten, du läutest → 20
lauter
lauwarm
die **Lawine,** die Lawinen

le

das **Leben** (ein schönes Leben)

L

★ Denke bei Wörtern mit **ä** an verwandte Wörter mit **a**. ★

leben, du lebst
lebendig
die **Lebensmittel** → 9
die **Leber**
lebhaft
der **Lebkuchen,** die Lebkuchen
lecken, du leckst → 1
lecker → 1
der **Leckerbissen,** die Leckerbissen → 1, 8
das **Leder**
ledig
lediglich
leer → 16
leeren, du leerst → 16 ★ (du leerst das Glas)
legen, du legst (sich ins Bett legen)
die **Legende,** die Legenden
der **Lehm** → 13
lehmig → 13
die **Lehne,** die Lehnen → 13
lehnen, du lehnst → 13
lehren, du lehrst (etwas beibringen) → 13 ★
der **Lehrer,** die Lehrer → 13
die **Lehrerin,** die Lehrerinnen → 13
der **Lehrling** – lehren → 13
der **Leib,** die Leiber (Körper) → 22
die **Leiche,** die Leichen
der **Leichnam,** die Leichname
leicht
die **Leichtathletik**
der **Leichtsinn** → 5
leichtsinnig → 5
das **Leid** → 23
leiden, du leidest, er litt (Hunger leiden)
das **Leiden,** die Leiden
leidend → 23
die **Leidenschaft,** die Leidenschaften
leidenschaftlich
leider (leider kam ich zu spät)
der **Leierkasten,** die Leierkästen
leiern, du leierst
leihen, du leihst, er lieh
der **Leim**
leimen, du leimst
die **Leine,** die Leinen
das **Leinen**
die **Leinwand,** die Leinwände → 23
leise
die **Leiste,** die Leisten
leisten, du leistest
die **Leistung** – leisten
leiten, du leitest
der **Leiter** (der Schulleiter)
die **Leiter,** die Leitern
die **Leiterin,** die Leiterinnen
die **Leitung** – leiten

L

★ Unterscheide: l**ee**ren – le**h**ren. ★

lenken, du lenkst
die **Lenkung** – lenken
der **Lenz**
der **Leopard,** die Leoparden → 23
die **Lerche,** die Lerchen (Vogel)
lernen, du lernst
lesbar
die **Lese** (die Weinlese) – lesen
lesen, du liest, er las
der **Leser** – lesen
die **Leserin,** die Leserinnen
leserlich
letzter, der Letzte → 10
leuchten, es leuchtet → 21
der **Leuchter,** die Leuchter → 21
leugnen, du leugnest → 21
die **Leute** → 21
das **Lexikon,** die Lexika

li

die **Libelle,** die Libellen
das **Licht,** die Lichter
lichterloh
die **Lichtung,** die Lichtungen
das **Lid,** die Lider (Augenlid) → 23 ★
lieb → 11
die **Liebe** → 11
lieben, du liebst → 11
lieblich → 11
der **Liebling** → 11
die **Lieblingsspeise** → 11
lieblos → 11
das **Lied,** die Lieder → 11, 23 ★
(ein Lied singen)
liederlich → 11
er **lief** – laufen → 11
liefern, du lieferst → 11
die **Lieferung,**
die Lieferungen → 11
die **Liege,** die Liegen → 11
liegen, du liegst, er lag
der **Liegestütz** → 11
er **lieh** – leihen → 11
er **ließ** – lassen → 11, 18
du **liest** – lesen → 11
der **Lift,** die Lifte
der **Likör,** die Liköre
lila
der **Liliputaner,** die Liliputaner
die **Liliputanerin**
die **Limonade,** die Limonaden
die **Linde,** die Linden
das **Lineal,** die Lineale
die **Linie,** die Linien
lini[i]ert – lini[i]eren → 11
links
der **Linkshänder,**
die Linkshänder → 19
linkshändig → 19
das **Linoleum**
die **Linse** – linsen
die **Lippe,** die Lippen → 6
lispeln, du lispelst

L

★ Unterscheide: das L**id** – das L**ied**. ★

die **List,** die Listen
die **Liste,** die Listen
listig
der **Liter,** die Liter
die **Litfaßsäule**
er **litt** – leiden → 9
die **Live-Sendung** (Direktübertragung)

lo

das **Lob** – loben
loben, du lobst
lobenswert
das **Loch,** die Löcher
lochen, du lochst
löcherig
die **Locke,** die Locken → 1
locken, du lockst → 1
locker → 1
lockern, du lockerst → 1
der **Lodenmantel,** die Lodenmäntel
lodern, es lodert
der **Löffel,** die Löffel → 2
er **log** – lügen
logisch
der **Lohn,** die Löhne → 13
sich **lohnen,** es lohnt sich → 13
das **Lokal,** die Lokale ✸
die **Lokomotive [Lok],** die Lokomotiven ✸
los
das **Los,** die Lose
lösbar
das **Löschblatt,** die Löschblätter → 9
löschen, du löschst
losen, du lost
lösen, du löst
löslich
die **Lösung,** die Lösungen
das **Lot,** die Lote
löten, er lötet
der **Lotse,** die Lotsen
die **Lotterie,** die Lotterien → 9
das **Lotto** → 9
der **Löwe,** die Löwen

lu

der **Luchs,** die Luchse
die **Lücke,** die Lücken → 1
lückenhaft → 1
lückenlos → 1
er **lud** – laden
das **Luder,** die Luder
die **Luft,** die Lüfte
lüften, du lüftest
luftig
die **Lüftung** – lüften
die **Lüge,** die Lügen
lügen, du lügst, er log
der **Lügner** – lügen
die **Lügnerin,** die Lügnerinnen
die **Luke,** die Luken
der **Lümmel,** die Lümmel → 4

✸ Achte auf das **k**. ✸

sich **lümmeln,** du lümmelst dich → 4
der **Lump,** die Lumpen
der **Lumpen,** die Lumpen
lumpig
die **Lunge,** die Lungen
die **Lupe,** die Lupen
die **Lust**
lustig
lutschen, du lutschst
Luxemburg, luxemburgisch
luxuriös
der **Luxus**

M

ma

machbar
machen, du machst
die **Macht,** die Mächte
mächtig – die Macht → 19
das **Mädchen,** die Mädchen
die **Made,** die Maden
madig
der **Magen,** die Mägen [Magen]
mager
der **Magnet,** die Magnete
magnetisch
du **magst** – mögen
der **Mähdrescher,**
die Mähdrescher
mähen, du mähst
das **Mahl** (das Festmahl) → 13
mahlen,
du mahlst Kaffee → 13
die **Mahlzeit,** die Mahlzeiten → 13
die **Mähne,** die Mähnen
mahnen, du mahnst → 13
die **Mahnung** – mahnen → 13
der **Mai**
der **Main**
der **Mais**
die **Majonäse** [Mayonnaise]
die **Makkaroni**
das **Mal** (das Muttermal)
mal (zweimal)
malen, du malst ein Bild
der **Maler** – malen
die **Malerei**
die **Malerin,** die Malerinnen
das **Malzbier** → 11
die **Mama**
man ✱
manche, mancher
manchmal
die **Mandarine,** die Mandarinen
die **Mandel,** die Mandeln
die **Manege,** die Manegen
der **Mangel,** die Mängel
mangelhaft

✱ Unterscheide: ma**n** – der Ma**nn**. ✱

der **Mann,** die Männer → 5
männlich – der Mann → 19, 5
die **Mannschaft,**
die Mannschaften → 5
das **Manöver,** die Manöver
der **Mantel,** die Mäntel
die **Mappe,** die Mappen → 6
das **Märchen,** die Märchen
die **Margarine**
die **Marionette,** die Marionetten → 9
die **Mark**
die **Marke,** die Marken
markieren, du markierst → 14
der **Markt,** die Märkte
die **Marmelade**
der **Mars**
der **Marsch,** die Märsche
marschieren,
du marschierst → 14
das **Martinshorn**
der **März**
Marzipan
die **Maschine,** die Maschinen
maschinell → 3
die **Masern**
die **Maske** – maskieren
sich **maskieren,**
du maskierst dich → 14
das **Maß,** die Maße → 18
er **maß** – messen
die **Massage,** die Massagen ★

die **Masse,** die Massen → 8
massieren, du massierst → 14
mäßig → 18
massiv → 8
der **Maßstab,** die Maßstäbe → 18
der **Mast,** die Masten
das **Match** (Spiel)
das **Material,** die Materialien
die **Mathematik**
die **Matratze,** die Matratzen → 10
der **Matrose,** die Matrosen
der **Matsch**
matschig
matt → 9
die **Matte,** die Matten → 9
die **Mauer,** die Mauern
mauern, du mauerst
das **Maul,** die Mäuler
maulen, du maulst
der **Maulwurf,** die Maulwürfe
der **Maurer,** die Maurer
die **Maus,** die Mäuse
die **Mayonnaise** → Majonäse

me

der **Mechaniker,** die Mechaniker
die **Mechanikerin**
meckern, du meckerst → 1
Mecklenburg-Vorpommern
die **Medaille,** die Medaillen ★
das **Medikament,** die Medikamente
die **Medizin**

M

★ Dieses Wort wird anders geschrieben als gesprochen. ★

das **Meer,** die Meere → 16 ✱
(im Meer schwimmen)
der **Meerrettich** → 16, 9
das **Mehl** → 13
mehr (mehr lernen) → 13 ✱
mehrere → 13
mehrmals → 13
die **Mehrzahl** → 13
meiden, du meidest, er mied
mein
meinen, du meinst
meinetwegen
die **Meinung** – meinen
die **Meise,** die Meisen
der **Meißel** – meißeln
meist, am meisten
meistens
der **Meister,** die Meister
die **Meisterin,** die Meisterinnen
die **Meisterschaft,**
die Meisterschaften
melden, du meldest
die **Meldung** – melden
melken, du melkst, er molk
die **Melodie,** die Melodien
die **Melone,** die Melonen
die **Menge,** die Mengen
der **Mensch,** die Menschen
merken, du merkst
das **Merkmal,** die Merkmale
merkwürdig

die **Messe,** die Messen → 8
messen, du misst, er maß → 8
das **Messer,** die Messer → 8
das **Messgerät,** die Messgeräte
das **Messing** → 8
das **Metall,** die Metalle → 3
der **Meter,** die Meter
die **Mettwurst,** die Mettwürste
der **Metzger,** die Metzger → 10
die **Metzgerei,**
die Metzgereien → 10

mi

miauen, sie miaut
mich
er **mied** – meiden → 11
die **Miene** (mit ernster Miene) → 11
mies
die **Miete** – mieten → 11
mieten, du mietest → 11
das **Mikrofon** [Mikrophon],
die Mikrofone
das **Mikroskop,** die Mikroskope
die **Milch**
mild → 23
die **Milliarde,** die Milliarden → 3
der **Millimeter,** die Millimeter → 3
die **Million,** die Millionen → 3
mindestens
die **Mine** (die Bleistiftmine)
das **Mineralwasser** → 8
Minigolf

✱ Unterscheide: me**h**r – das M**ee**r. ✱

der **Minister,** die Minister
die **Ministerin**
der **Ministrant,** die Ministranten
minus
die **Minute,** die Minuten
mir
mischen, du mischst
missachten, du missachtest → 8
das **Missgeschick,** die Missgeschicke → 1
misshandeln, du misshandelst → 8
die **Mission** → 8
der **Missionar,** die Missionare → 8
die **Missionarin** → 8
du **misst** – messen → 8
das **Misstrauen** – misstrauen → 8
misstrauen, du misstraust
misstrauisch
missverstanden – missverstehen
das **Missverständnis** – missverstehen → 8
der **Mist** (Pferdemist)
mit ✶
miteinander
das **Mitglied,** die Mitglieder → 11
der **Mitlaut,** die Mitlaute
das **Mitleid** → 23
mitleidig
der **Mittag,** am Mittag → 9
mittags → 9
die **Mitte** → 9
mitteilen, du teilst mit
die **Mitteilung,** die Mitteilungen
das **Mittel,** die Mittel → 9
das **Mittelmeer** → 9, 16
mitten → 9
die **Mitternacht** → 9
der **Mittwoch,** am Mittwoch → 9
mittwochs → 9
mixen, du mixt
der **Mixer** – mixen

mo

die **Möbel**
er **mochte** – mögen
die **Mode,** die Moden
das **Modell,** die Modelle → 3
modern
das **Mofa,** die Mofas
mogeln, du mogelst
mögen, du magst, er mochte
möglich
die **Möglichkeit**
der **Mohn** → 13
der **Mohr** (der Mohrenkopf) → 13
die **Möhre,** die Möhren → 13
die **Mohrrübe,** die Mohrrüben → 13
der **Molch,** die Molche
die **Molkerei,** die Molkereien
mollig → 3
der **Moment,** die Momente

M

✶ Nicht alle Zusammensetzungen mit **mit-** stehen hier. Schlage getrennt nach. ✶

der **Monat,** die Monate
der **Mönch,** die Mönche
der **Mond,** die Monde → 23
der **Montag,** am Montag
die **Montage,** die Montagen ★
montags
montieren, du montierst → 14
das **Moor,** die Moore → 17
(die Moorlandschaft)
das **Moos,** die Moose → 17
das **Moped,** die Mopeds
der **Mops,** die Möpse
der **Morast**
morastig
der **Mord,** die Morde → 23
morden, er mordet
der **Mörder** – morden
die **Mörderin**
der **Morgen,** am Morgen
morgen, morgen Abend
das **Morgengrauen**
morgens
morsch
der **Mörtel**
das **Mosaik,** die Mosaiken ★
die **Moschee,** die Moscheen ★
die **Mosel**
der **Most**
der **Motor,** die Motoren
die **Motte,** die Motten → 9
die **Möwe,** die Möwen

mu

die **Mücke,** die Mücken → 1
mucksmäuschenstill → 1, 3
müde
die **Müdigkeit**
die **Mühe,** die Mühen
die **Mühle,** die Mühlen → 13
mühsam → 13
der **Müll** → 3
die **Müllabfuhr** → 3, 13
die **Mullbinde,** die Mullbinden → 3
die **Multiplikation**
multiplizieren,
du multiplizierst → 14
der **Mumps**
der **Mund,** die Münder → 23
münden, er mündet
die **Mundharmonika**
mündlich
die **Mündung** – münden
munter
die **Münze,** die Münzen
mürb[e]
die **Murmel,** die Murmeln
murmeln, du murmelst
das **Murmeltier,**
die Murmeltiere → 11
murren, du murrst → 7
mürrisch → 7
die **Muschel,** die Muscheln
das **Museum,** die Museen ★

★ Sprich das Wort richtig aus. ★

die **Musik,** die Musiken
musikalisch
der **Musiker,** die Musiker
die **Musikerin,** die Musikerinnen
musizieren, du musizierst → 14
der **Muskel,** die Muskeln
das **Müsli**
müssen, du musst, er musste → 8
du **musst,** er musste – müssen
das **Muster,** die Muster
der **Mut**
mutig
die **Mutter,** die Mütter → 9
mutwillig → 3
die **Mütze,** die Mützen → 10

N

na

der **Nabel,** die Nabel
nach ✶
nachahmen, du ahmst nach → 13
der **Nachbar,** die Nachbarn
die **Nachbarin,** die Nachbarinnen
nachdem
nacheinander
nachgiebig → 11
nachher
nachlässig → 19, 8
der **Nachmittag,** die Nachmittage → 9
nachmittags → 9
die **Nachricht,** die Nachrichten
die **Nachspeise,** die Nachspeisen
nächste Woche
am **nächsten** – nah
die **Nacht,** die Nächte
der **Nachteil,** die Nachteile
nachts
nackt → 1
die **Nadel,** die Nadeln
der **Nagel,** die Nägel
nageln, du nagelst
nagen, du nagst
nah[e]
nähen, du nähst → 19
näher – nah → 19
er **nahm** – nehmen → 13
die **Nahrung,** die Nahrungen → 13
das **Nahrungsmittel,** die Nahrungsmittel
die **Naht,** die Nähte → 13
der **Name,** die Namen
nämlich
er **nannte** – nennen → 5
der **Napf,** die Näpfe
die **Narbe,** die Narben
die **Narkose**

✶ Nicht alle Wörter mit **nach-** stehen hier. Schlage getrennt nach. ✶

der **Narr,** die Narren → 7
närrisch – der Narr → 19, 7
die **Narzisse** → 8
naschen, du naschst
die **Nase,** die Nasen
nass → 8
die **Nässe** – nass → 19, 8
nasser [nässer] – nass → 8
die **Natur,** die Naturen
natürlich

ne

der **Nebel,** die Nebel
neb[e]lig
neben
necken, du neckst → 1
der **Neffe,** die Neffen → 2
negativ
nehmen, du nimmst, er nahm → 13
der **Neid** → 23
neidisch
sich **neigen,** du neigst dich
nein
die **Nelke,** die Nelken
nennen, du nennst, er nannte → 5
der **Nerv,** die Nerven
nervös
das **Nest,** die Nester
nett → 9
das **Netz,** die Netze → 10
neu → 21
die **Neugier[de]** → 21, 11
neugierig → 21, 11
neulich → 21
neun → 21
neunzehn → 21, 13
neunzig → 21

ni

nicht
die **Nichte,** die Nichten
nichts
nicken, du nickst → 1
nie → 11 ★
nieder → 11 ★
die **Niederlande,** niederländisch ★
Niedersachsen, niedersächsisch ★
der **Niederschlag,** die Niederschläge → 11 ★
niedlich → 11 ★
niedrig → 11 ★
niemals → 11 ★
niemand → 11 ★
die **Niere,** die Nieren → 11 ★
nieseln, es nieselt → 11 ★
niesen, du niest → 11 ★
die **Niete,** die Nieten → 11 ★
der **Nikolaus**
das **Nilpferd,** die Nilpferde
du **nimmst** – nehmen → 4
nippen, du nippst → 6

★ Sprich **ie** lang. ★

nirgends
nisten, er nistet
die **Nixe,** die Nixen
no
noch
nochmals
die **Nonne,** die Nonnen → 5
der **Nonsens** (er redet Nonsens)
der **Norden**
nördlich
Nordrhein-Westfalen
nörgeln, du nörgelst
normal
Norwegen, norwegisch
die **Not,** die Nöte
die **Note,** die Noten
notieren, du notierst → 14
nötig
die **Notiz,** die Notizen
notwendig
der **November**
nu
nüchtern
die **Nudel,** die Nudeln
null → 3
die **Nummer,** die Nummern → 4
nummerieren,
du nummerierst → 4, 14
nun
nur
die **Nuss,** die Nüsse → 8
der **Nutzen** → 10
nutzen, du nutzt → 10
nützen, du nützt → 10
nützlich → 10

O

o
ob
oben
der **Ober,** die Ober
die **Oberfläche,**
die Oberflächen → 19
oberflächlich → 19
oberhalb
das **Obst**
obwohl → 13
der **Ochse,** die Ochsen ✶
oder
der **Ofen,** die Öfen
offen → 2
die **Offenheit** → 2
öffentlich → 2
die **Öffentlichkeit** → 2
öffnen, du öffnest → 2
die **Öffnung** – offen → 2
oft
öfter
oftmals

N
O

✶ **chs** wird wie **ks** gesprochen. ✶

ohne → 13
die **Ohnmacht** → 13
ohnmächtig → 13, 19
das **Ohr,** die Ohren → 13
die **Ohrfeige,** die Ohrfeigen → 13
der **Oktober**
das **Öl,** die Öle
ölen, du ölst
die **Olive,** die Oliven
die **Olympiade,** die Olympiaden
die **Olympischen Spiele**
die **Oma,** die Omas
das **Omelett,** die Omeletts → 9
der **Omnibus,** die Omnibusse
der **Onkel,** die Onkel
der **Opa,** die Opas
die **Operation,** die Operationen
operieren, er operiert → 14
das **Opfer,** die Opfer
opfern, du opferst
die **Orange,** die Orangen
orange
das **Orchester,** die Orchester
ordentlich
ordnen, du ordnest
der **Ordner** – ordnen
die **Ordnung** – ordnen
das **Organ,** die Organe
die **Orgel,** die Orgeln
sich **orientieren,**
du orientierst dich → 14
die **Orientierung**
der **Orkan,** die Orkane
der **Ort,** die Orte
die **Ortschaft,** die Ortschaften
der **Osten**
Ostern
Österreich, österreichisch
östlich
oval
der **Ozean,** die Ozeane
das **Ozon**

P

pa

das **Paar,** die Paare → 15
ein **paar** (einige) → 15
ein **paarmal** → 15
das **Päckchen** – packen → 19, 1
packen, du packst → 1 ✱
die **Packung,** die Packungen → 1
das **Paddel,** die Paddel
paddeln, du paddelst
das **Paket,** die Pakete
die **Palme,** die Palmen
die **Pampelmuse,**
die Pampelmusen
die **Panik**

✱ Unterscheide: **p**acken – **b**acken. Sprich deutlich. ✱

die **Panne,** die Pannen → 5
der **Panther** [Panter], die Panther
der **Pantoffel,** die Pantoffeln → 2
der **Panzer,** die Panzer
der **Papa**
der **Papagei,** die Papageien
das **Papier,** die Papiere → 11
die **Pappe,** die Pappen → 6
die **Pappel,** die Pappeln → 6
der **Paprika,** die Paprikas
der **Papst,** die Päpste
das **Paradies,** die Paradiese → 11
parallel → 3
die **Parallele,** die Parallelen → 3
das **Pärchen** – das Paar → 19
das **Parfum [Parfüm],** die Parfums [Parfüme, Parfüms]
der **Park,** die Parks
der **Parka,** die Parkas
parken, du parkst
der **Parkplatz,** die Parkplätze → 10
die **Partei,** die Parteien
das **Parterre** → 7
der **Partner,** die Partner
die **Partnerin,** die Partnerinnen
die **Party,** die Partys
der **Pass,** die Reisepässe → 8
der **Passagier,** die Passagiere → 8 ✶
passen, es passt → 8
passieren, es passiert → 8, 14
passiv
es **passte** – passen
der **Pastor,** die Pastoren
die **Pastorin,** die Pastorinnen
der **Pate,** die Paten
der **Pater,** die Patres
der **Patient,** die Patienten ✶
die **Patientin,** die Patientinnen ✶
die **Patin,** die Patinnen
die **Patrone,** die Patronen
die **Pauke,** die Pauken
die **Pause,** die Pausen

pe

das **Pech**
das **Pedal,** die Pedale
peinlich
die **Peitsche,** die Peitschen
die **Pelle,** die Pellen → 3
pellen, du pellst (schälen) → 3
der **Pelz,** die Pelze
der **Pendler,** die Pendler
die **Pension,** die Pensionen ✶
das **Perfekt**
die **Periode,** die Perioden
die **Perle,** die Perlen
die **Person,** die Personen
persönlich
die **Perücke,** die Perücken → 1
die **Petersilie**
das **Petroleum**
petzen, du petzt → 10

✶ Dieses Wort wird anders geschrieben als gesprochen. ✶

pf

der **Pfad,** die Pfade → 23
der **Pfahl,** die Pfähle → 13
das **Pfand,** die Pfänder → 23
die **Pfanne,** die Pfannen → 5
der **Pfarrer,** die Pfarrer → 7
der **Pfau,** die Pfauen
der **Pfeffer** – pfeffern → 2
die **Pfefferminze** → 2
pfeffern, du pfefferst → 2
die **Pfeife** – pfeifen
pfeifen, du pfeifst, er pfiff
der **Pfeil,** die Pfeile
der **Pfeiler,** die Pfeiler
der **Pfennig,** die Pfennige → 5
das **Pferd,** die Pferde → 23
der **Pfiff** – pfeifen → 2
er **pfiff** – pfeifen → 2
der **Pfifferling,** die Pfifferlinge → 2
pfiffig → 2
Pfingsten
der **Pfirsich,** die Pfirsiche
die **Pflanze** – pflanzen ★
pflanzen, du pflanzt ★
das **Pflaster** – pflastern ★
pflastern, du pflasterst ★
die **Pflaume,** die Pflaumen ★
die **Pflege** ★
pflegen, du pflegst ★
die **Pflicht** – verpflichten ★
pflücken, du pflückst → 1 ★
der **Pflug,** die Pflüge ★
pflügen,
du pflügst den Acker ★
die **Pforte,** die Pforten
der **Pfosten,** die Pfosten
die **Pfote,** die Pfoten
pfui
das **Pfund,** die Pfunde → 23
die **Pfütze,** die Pfützen → 10

ph

die **Phantasie** → Fantasie
phantastisch → fantastisch
die **Photographie** → Fotografie
die **Physik**

pi

der **Pickel,** die Pickel → 1
picken, du pickst → 1
das **Picknick** → 1
piepen, es piept → 11
die **Pille,** die Pillen → 3
der **Pilot,** die Piloten
die **Pilotin,** die Pilotinnen
der **Pilz,** die Pilze
der **Pinguin,** die Pinguine
pink
der **Pinsel,** die Pinsel
pinseln, du pinselst
die **Pinzette,** die Pinzetten → 9
der **Pirat,** die Piraten
die **Pistole,** die Pistolen
die **Pizza,** die Pizzas [Pizzen]

P

★ Sprich deutlich **pf** und **pfl.** ★

pl

plagen, du plagst
das **Plakat,** die Plakate
die **Plakette,** die Plaketten → 9
der **Plan,** die Pläne
planen, du planst
der **Planet,** die Planeten
plan[t]schen, du plan[t]schst
plappern, du plapperst → 6
das **Plastik**
das **Plastilin**
plätschern, es plätschert
platt (ein platter Reifen) → 9
die **Platte,** die Platten → 9
der **Platz,** die Plätze → 10
das **Plätzchen,** die Plätzchen
platzen, es platzt → 10
plaudern, du plauderst
die **Plombe,** die Plomben
plombieren, er plombiert
plötzlich → 10
plump
plumpsen, du plumpst
der **Plural**
plus

po

pochen, du pochst
das **Podium,** die Podien
das **Poesiealbum,**
die Poesiealben
der **Pokal,** die Pokale
der **Pol,** die Pole (Nordpol)
Polen, polnisch
polieren, du polierst → 14
die **Politesse,** die Politessen → 8
die **Politik** – politisch
politisch
die **Polizei**
der **Polizist,** die Polizisten
die **Polizistin,** die Polizistinnen
das **Polster,** die Polster
polstern, du polsterst
poltern, du polterst
die **Pommes frites** → 4 ✱
das **Pony,** die Ponys
die **Pore,** die Poren
die **Portion,** die Portionen ✱
das **Porto,** die Portos [Porti]
Portugal, portugiesisch
das **Porzellan** → 3
die **Posaune,** die Posaunen
positiv
die **Post**
das **Poster,** die Poster

pr

die **Pracht**
prächtig – die Pracht → 19
prahlen, du prahlst → 13
praktisch
die **Praline,** die Pralinen
prall → 3
die **Prärie,** die Prärien → 11

✱ Dieses Wort wird anders geschrieben als gesprochen. ✱

prasseln, es prasselt → 8
die **Praxis,** die Praxen
predigen, du predigst
die **Predigt,** die Predigten
der **Preis,** die Preise
prellen, du prellst → 3
die **Presse** → 8
pressen, du presst → 8
der **Priester,** die Priester → 11
prima
primitiv (einfach)
der **Prinz,** die Prinzen
die **Prinzessin,**
die Prinzessinnen → 8
privat
die **Probe,** die Proben
probieren, du probierst → 14
das **Problem,** die Probleme
das **Produkt** – produzieren
der **Professor,** die Professoren
die **Professorin**
das **Programm,** die Programme
das **Projekt,** die Projekte
der **Projektor,** die Projektoren
der **Propeller,** die Propeller → 3
der **Prospekt,** die Prospekte
der **Protest,** die Proteste
der **Protestant,** die Protestanten
die **Protestantin**
protestieren,
du protestierst → 14
das **Protokoll,** die Protokolle → 3
der **Prozess,** die Prozesse → 8
die **Prozession,** die Prozessionen
prüfen, du prüfst
die **Prüfung,** die Prüfungen
die **Prügelei,** die Prügeleien
prügeln, du prügelst

pu

die **Pubertät**
das **Publikum**
der **Pudding,**
die Puddinge [Puddings]
der **Pudel,** die Pudel
der **Puder,** die Puder
pudern, du puderst
der **Pulli,** die Pullis → 3
der **Pullover,** die Pullover → 3
der **Puls**
das **Pult,** die Pulte
das **Pulver,** die Pulver
die **Pumpe,** die Pumpen
pumpen, du pumpst
der **Punkt,** die Punkte
pünktlich
die **Pupille,** die Pupillen → 3
die **Puppe,** die Puppen → 6
purzeln, du purzelst
die **Puste** – pusten
pusten, du pustest
putzen, du putzt → 10
das **Puzzle,** die Puzzles ★

★ Dieses Wort wird anders geschrieben als gesprochen. ★

Q

qu ✱

das **Quadrat,** die Quadrate
quadratisch
der **Quai [Kai],** die Quais [Kais]
quaken, du quakst
die **Qual,** die Qualen
quälen, du quälst → 19
die **Qualität,** die Qualitäten
die **Qualle,** die Quallen
der **Qualm** – qualmen
qualmen, es qualmt
der **Quark**
das **Quartett,** die Quartette → 9
das **Quartier,** die Quartiere → 11
quasseln, du quasselst → 8
der **Quatsch** – quatschen
quatschen, du quatschst
das **Quecksilber** → 1
die **Quelle** – quellen → 3
quellen, es quillt, es quoll
quer
querfeldein
quetschen, du quetschst
die **Quetschung** – quetschen
quieken, du quiekst → 11
quietschen,
du quietschst → 11
es **quillt** – quellen → 3
der **Quirl** – quirlen
quirlen, du quirlst
quitt → 9
die **Quittung,** die Quittungen → 9
das **Quiz,** die Quizfrage
es **quoll** – quellen → 3

R

ra

der **Rabe,** die Raben
die **Rache** – rächen
der **Rachen,** die Rachen
sich **rächen,** du rächst dich → 19
das **Rad,** die Räder → 23
der **Radfahrer** – Rad fahren → 13
die **Radfahrerin** → 13
radieren, du radierst → 14
der **Radiergummi**
das **Radieschen,**
die Radieschen → 11
das **Radio,** die Radios
raffen, er rafft → 2
raffiniert

Q
R

✱ **qu** wird wie **kw** gesprochen. ✱

der **Rahm** → 13
der **Rahmen,** die Rahmen → 13
die **Rakete,** die Raketen
rammen, du rammst → 4
der **Rand,** die Ränder → 23
der **Rang,** die Ränge
er **rang** – ringen
rangieren, du rangierst → 14
es **rann** – rinnen → 5
er **rannte** – rennen → 5
der **Ranzen,** die Ranzen
ranzig
rasant
rasch
rascheln, es raschelt
rasen, du rast
der **Rasen,** der Rasenmäher
rasieren,
du rasierst dich → 14
die **Rasse,** die Rassen → 8
die **Rassel,** die Rasseln → 8
rasseln, du rasselst → 8
die **Rast** – rasten
rasten, du rastest
die **Raststätte,**
die Raststätten → 9
der **Rat** – raten
die **Rate** (eine Rate zahlen)
raten, du rätst, er riet
die **Ratenzahlung** → 13
das **Rätsel,** die Rätsel → 19

du **rätst** – raten → 19
die **Ratte,** die Ratten → 9
rattern, es rattert → 9
rau
der **Raub** – rauben → 22
rauben, er raubt
der **Räuber** – rauben → 20
der **Rauch** – rauchen
rauchen, du rauchst
raufen, du raufst
die **Rauferei,** die Raufereien
der **Raum,** die Räume
räumen, du räumst → 20
die **Raupe,** die Raupen
der **Rausch**
rauschen, es rauscht
sich **räuspern,**
du räusperst dich → 20

re

reagieren, du reagierst → 14
die **Reaktion,** die Reaktionen
die **Realschule**
die **Rebe,** die Reben
der **Rechen,** die Rechen
rechen, du rechst das Heu
rechnen, du rechnest
die **Rechnung** – rechnen
das **Recht,** die Rechte
(Recht haben)
das **Rechteck,** die Rechtecke → 1
rechteckig → 1

R

Unterscheide: die Rate – die Ratte. Sprich deutlich.

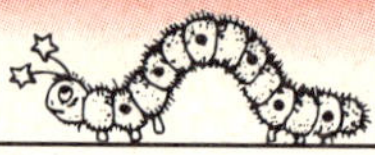

rechts, die rechte Hand
der **Rechtsanwalt,** die Rechtsanwälte
die **Rechtsanwältin**
rechtzeitig
das **Reck,** die Recke → 1
sich **recken,** du reckst dich → 1
die **Rede** – reden
reden, du redest
das **Regal,** die Regale
die **Regel,** die Regeln
regelmäßig → 18
regeln, du regelst
der **Regen** – regnen
der **Regenschauer,** die Regenschauer
regieren, er regiert → 14
regnen, es regnet
regnerisch
das **Reh,** die Rehe
reiben, du reibst, er rieb
die **Reibung** – reiben
reich
reichen, es reicht
reif (reifes Obst)
der **Reif** (der Raureif)
der **Reifen,** die Reifen
die **Reihe,** die Reihen
der **Reiher,** die Reiher
der **Reim,** die Reime
reimen, du reimst
rein
reinigen, du reinigst
die **Reinigung** – reinigen
der **Reis**
die **Reise** – reisen
reisen, du reist nach ... *
das **Reisig**
reißen, du reißt etwas auseinander, er riss *
der **Reißverschluss,** die Reißverschlüsse
reiten, du reitest, er ritt
der **Reiter** – reiten
die **Reiterin**
der **Reiz,** die Reize
reizen, du reizt
reizend → 23
die **Reklame,** die Reklamen
der **Rekord,** die Rekorde → 23
der **Rektor,** die Rektoren
die **Rektorin,** die Rektorinnen
relativ
die **Religion,** die Religionen
rennen, du rennst, er rannte
renovieren, du renovierst → 14
die **Rente,** die Renten
sich **rentieren,** es rentiert sich → 14
der **Rentner,** die Rentner
die **Rentnerin,** die Rentnerinnen
die **Reparatur,** die Reparaturen
reparieren, du reparierst → 14

* Unterscheide rei**s**en – rei**ß**en. Sprich deutlich. *

die **Reportage,** die Reportagen
der **Reporter,** die Reporter
die **Reporterin**
die **Republik,** die Republiken
reservieren,
du reservierst → 14
der **Rest,** die Reste
das **Restaurant,** die Restaurants
retten, du rettest → 9
der **Rettich,** die Rettiche → 9
die **Rettung** – retten → 9
die **Reue** → 21
das **Revier,** die Reviere → 11
der **Revolver,** die Revolver
das **Rezept,** die Rezepte

rh

der **Rhein**
Rheinland-Pfalz
rhythmisch [rytmisch]
der **Rhythmus** [Rytmus],
die Rhythmen

ri

richten, du richtest
der **Richter** – richten
die **Richterin** – richten
richtig
die **Richtung,** die Richtungen
er **rieb** – reiben → 11
riechen, du riechst, er roch
er **rief** – rufen → 11
der **Riegel,** die Riegel → 11
der **Riese,** die Riesen → 11
rieseln, es rieselt → 11
riesig → 11 ★
er **riet** – raten → 11
die **Rille,** die Rillen → 3
das **Rind,** die Rinder → 23
die **Rinde,** die Rinden
der **Ring,** die Ringe
ringen, du ringst, er rang
ringsherum
die **Rinne** – rinnen → 5
rinnen, es rinnt, es rann → 5
die **Rippe,** die Rippen → 6
der **Riss,** die Risse → 8
er **riss** – reißen → 8
rissig → 8 ★
der **Ritt,** die Ritte → 9
er **ritt** – reiten → 9
der **Ritter,** die Ritter → 9
die **Ritze** – ritzen → 10

ro

der **Roboter,** die Roboter
er **roch** – riechen
der **Rock,** die Röcke → 1
der **Rodel** – rodeln
rodeln, du rodelst
der **Roggen**
roh
das **Rohr,** die Rohre → 13
die **Röhre,** die Röhren → 13
die **Rolle** – die Rollen → 3

★ Unterscheide: r**ies**ig – r**iss**ig. Sprich deutlich. ★

rollen, du rollst → 3
der **Roller,** die Roller → 3
der **Roman,** die Romane
röntgen, er wird geröntgt
rosa, ein rosa Hemd
die **Rose,** die Rosen
die **Rosine,** die Rosinen
das **Ross,** die Rosse → 8
der **Rost** – rosten
rosten, es rostet
rösten, du röstest
rostig
rot, rötlich
das **Rote Kreuz** → 21

ru

die **Rübe,** die Rüben
der **Ruck,** die Rucke → 1
der **Rücken,** die Rücken → 1
rücken, du rückst → 1
die **Rückkehr** → 1, 13
die **Rücksicht,** die Rücksichten → 1
der **Rückspiegel** → 1, 11
rückwärts → 1
das **Rudel,** die Rudel
das **Ruder,** die Ruder
rudern, du ruderst
der **Ruf,** die Rufe
rufen, du rufst, er rief
die **Ruhe** – ruhen
ruhig
der **Ruhm** – rühmen → 13
rühren, du rührst → 13
Rumänien, rumänisch
der **Rummelplatz** → 4, 10
rümpfen, er rümpft die Nase
rund → 23
die **Runde,** die Runden
der **Rundfunk**
runzeln, er runzelt die Stirn
runzlig
rupfen, du rupfst
der **Ruß** → 18
der **Rüssel,** die Rüssel → 8
rußig → 18
Russland, russisch
die **Rüstung** – rüsten
die **Rute,** die Ruten
rutschen, du rutschst
rütteln, du rüttelst → 9

ry

rytmisch → rhythmisch ✶
der **Rytmus** → Rhythmus ✶

S

sa

der **Saal,** die Säle → 15
Saarland, saarländisch

R
S

✶ **y** wird wie **ü** gesprochen. ✶

die **Saat,** die Saaten → 15
die **Sache,** die Sachen
sächlich – die Sache → 19
Sachsen, sächsisch
Sachsen-Anhalt, sachsen-anhaltinisch
der **Sack,** die Säcke → 1
säen, du säst, er säte
der **Saft,** die Säfte
saftig
die **Sage** – sagen
die **Säge** – sägen
sagen, du sagst
sägen, du sägst
er **sah** – sehen
die **Sahne** → 13
die **Saite,** die Gitarrensaite
das **Sakrament**
der **Salamander,** die Salamander
die **Salami**
der **Salat,** die Salate
die **Salbe** – salben
der **Salto,** die Saltos
das **Salz** – salzen
salzen, du salzt
salzig
der **Samen,** die Samen
sammeln, du sammelst → 4
die **Sammlung** – sammeln → 4
der **Samstag,** am Samstag
samstags

sämtliche
das **Sanatorium,** die Sanatorien
der **Sand** → 23
die **Sandale,** die Sandalen
sandig
er **sandte** – senden
sanft
er **sang** – ein Lied singen
der **Sänger** – singen → 19
die **Sängerin** → 19
der **Sanitäter,** die Sanitäter
es **sank** (Schiff) – sinken
der **Sarg,** die Särge → 24
er **saß** – sitzen → 18
der **Satellit,** die Satelliten → 3
satt → 9
der **Sattel,** die Sättel → 9
satteln, du sattelst → 9
der **Satz,** die Sätze → 10
die **Sau,** die Säue [Sauen]
sauber
sauer
säuerlich – sauer → 20 ✱
der **Sauerstoff** → 2
saufen, es säuft, es soff
es **säuft** – saufen → 20 ✱
saugen, du saugst, er sog
das **Säugetier** – saugen → 20 ✱
der **Säugling,** die Säuglinge → 20 ✱
die **Säule,** die Säulen
der **Saum,** die Säume

✱ Denke bei Wörtern mit **äu** an verwandte Wörter mit **au**. ✱

die **Sauna,** die Saunas [Saunen]
der **Saurier,** die Saurier
sausen, du saust

scha

schaben, du schabst
schäbig
die **Schablone,** die Schablonen
das **Schach**
der **Schacht,** die Schächte
die **Schachtel,** die Schachteln
schade
der **Schädel,** die Schädel
der **Schaden,** die Schäden
schaden, du schadest
schädlich – der Schaden → 19 ★
der **Schädling** – schaden → 19 ★
das **Schaf,** die Schafe
der **Schäfer,** die Schäfer → 19 ★
schaffen, du schaffst → 2
der **Schaffner,** die Schaffner → 2
die **Schaffnerin**
der **Schal,** die Schals
die **Schale** – schälen
schälen, du schälst → 19 ★
der **Schall** – schallen → 3
schallen, es schallt → 3
die **Schallplatte,**
die Schallplatten → 3, 9
schalten, du schaltest
der **Schalter,** die Schalter
die **Schaltung** – schalten
sich **schämen,** du schämst dich ★
schamlos
die **Schande**
die **Schar,** die Scharen
scharf
schärfer – scharf → 19 ★
das **Schaschlik,** die Schaschliks
der **Schatten,** die Schatten → 9
schattig → 9
der **Schatz,** die Schätze → 10
schätzen, du schätzt → 19, 10 ★
die **Schau** – schauen
schauen, du schaust
die **Schaufel,** die Schaufeln
schaufeln, du schaufelst
die **Schaukel,** die Schaukeln
schaukeln, du schaukelst
der **Schaum** – schäumen
schäumen, es schäumt → 20 ★
der **Schauspieler,**
die Schauspieler
die **Schauspielerin**

sche

der **Scheck,** die Schecks → 1
die **Scheibe,** die Scheiben
der **Scheibenwischer**
die **Scheide,** die Scheiden
scheiden
(sich scheiden lassen)
die **Scheidung** – scheiden
der **Schein**

S

★ Denke bei Wörtern mit **ä** an verwandte Wörter mit **a**. ★

scheinbar
scheinen, die Sonne scheint, die Sonne schien
der **Scheitel,** die Scheitel
schellen, du schellst → 3
der **Schenkel** (der Oberschenkel)
schenken, du schenkst
die **Scherbe,** die Scherben
die **Schere,** die Scheren
der **Scherz** – scherzen
scherzen, du scherzt
scheu → 21
scheuern, du scheuerst → 21
die **Scheune,** die Scheunen → 21
scheußlich → 21

schi

der **Schi** → Ski
die **Schicht,** die Schichten
schick → 1
schicken, du schickst → 1
das **Schicksal,** die Schicksale → 1
schieben, du schiebst, er schob → 11
der **Schiedsrichter** → 11
schief → 11
schielen, du schielst → 11
es **schien** – scheinen → 11
das **Schienbein,** die Schienbeine → 11
die **Schiene,** die Schienen → 11
schießen, du schießt, er schoss
das **Schiff,** die Schiffe → 2
das **Schild,** die Schilder → 23
die **Schildkröte,** die Schildkröten
das **Schilf**
schillern, es schillert → 3
der **Schimmel** → 4
der **Schimmer** – schimmern → 4
schimmern, es schimmert → 4
schimm[e]lig → 4
der **Schimpanse,** die Schimpansen
schimpfen, du schimpfst
der **Schinken,** die Schinken
die **Schippe,** die Schippen → 6
der **Schirm,** die Schirme

schl

schlachten, du schlachtest
der **Schlachter** – schlachten
die **Schlachterei** – schlachten → 19
der **Schlaf** – schlafen
schlafen, du schläfst, er schlief
schläfrig – schlafen → 19
du **schläfst** – schlafen → 19
der **Schlag,** die Schläge
schlagen, du schlägst, er schlug
der **Schlager,** die Schlager
du **schlägst** – schlagen → 19

S

Unterscheide: sch**ief** – das Sch**iff**. Sprich deutlich.

der **Schlamm** → 4
schlammig → 4
schlampig
die **Schlange** – sich schlängeln
schlank
schlapp → 6
das **Schlaraffenland** → 2
schlau
der **Schlauch,** die Schläuche
schlecht
schlecken, du schleckst → 1
schleichen, du schleichst, er schlich
der **Schleier,** die Schleier
die **Schleife,** die Schleifen
schleifen, du schleifst
schlendern, du schlenderst
schleppen, du schleppst → 6
der **Schlepper** – schleppen → 6
Schleswig-Holstein
die **Schleuder,** die Schleudern → 21
schleudern, du schleuderst → 21
schleunigst → 21
die **Schleuse** – schleusen → 21
er **schlich** – schleichen
er **schlief** – schlafen → 11
schließen, du schließt, er schloss
schließlich → 11, 18
er **schliff** das Messer – schleifen → 2
schlimm → 4
die **Schlingpflanze**
der **Schlitten,** die Schlitten → 9
schlittern, du schlitterst → 9
der **Schlittschuh,** die Schlittschuhe → 9
der **Schlitz,** die Schlitze → 10
das **Schloss,** die Schlösser → 8
er **schloss** – schließen → 8
der **Schlosser,** die Schlosser → 8
die **Schlosserei,** die Schlossereien → 8
der **Schlot,** die Schlote
schlottern, du schlotterst → 9
die **Schlucht,** die Schluchten
schluchzen, du schluchzt
der **Schluck** – schlucken → 1 ✶
der **Schluckauf** → 1
schlucken, du schluckst → 1
er **schlug** – schlagen ✶
schlüpfen, du schlüpfst
schlüpfrig
schlurfen, du schlurfst
schlürfen, du schlürfst
der **Schluss,** die Schlüsse → 8
der **Schlüssel,** die Schlüssel → 8

schm

schmackhaft – schmecken → 1

✶ Unterscheide: der Schlu**ck** – er schlu**g**. Sprich deutlich. ✶

schmal
schmäler – schmal → 19
schmatzen, du schmatzt → 10
schmecken, es schmeckt → 1
schmeicheln, du schmeichelst
schmeißen, du schmeißt, er schmiss
schmelzen, es schmilzt, es schmolz ★
der **Schmerz,** die Schmerzen ★
schmerzlich ★
der **Schmetterling,** die Schmetterlinge → 9
der **Schmied,** die Schmiede → 11
schmieren, du schmierst → 14
der **Schmierfink** – schmieren → 11
schmierig → 11
es **schmilzt** – schmelzen ★
die **Schminke** – schminken
sich **schminken,** du schminkst dich
er **schmiss** – schmeißen
schmökern, du schmökerst
es **schmolz** – schmelzen ★
der **Schmuck** – schmücken → 1
schmücken, du schmückst dich → 1
der **Schmuggler** – schmuggeln
schmunzeln, du schmunzelst ★
schmusen, du schmust
der **Schmutz** → 10
schmutzig → 10

schn

der **Schnabel,** die Schnäbel
die **Schnake,** die Schnaken
schnalzen, du schnalzt ★
schnappen, du schnappst → 6
der **Schnaps,** die Schnäpse
schnarchen, du schnarchst
schnattern, du schnatterst → 9
schnaufen, du schnaufst
die **Schnauze,** die Schnauzen
sich **schnäuzen,** du schnäuzt dich
die **Schnecke,** die Schnecken → 1
der **Schnee** → 16
schneiden, du schneidest, er schnitt
der **Schneider,** die Schneider
die **Schneiderin**
schneien, es schneit
schnell → 3
die **Schnelligkeit** → 3
schnippeln, du schnippelst → 6
der **Schnitt,** die Schnitte → 9
er **schnitt** – schneiden → 9
der **Schnittlauch** → 9
das **Schnitzel,** die Schnitzel → 10
schnitzen, du schnitzt → 10
der **Schnorchel** – schnorcheln

S

★ Nach Mitlauten steht nur **z**, nie **tz**. ★

schnüffeln, du schnüffelst → 2
der **Schnuller,** die Schnuller → 3
der **Schnupfen**
schnuppern, du schnupperst
die **Schnur,** die Schnüre
schnüren, du schnürst
der **Schnurrbart,**
die Schnurrbärte → 7 ★
schnurren, sie schnurrt → 7 ★

scho

er **schob** – schieben
der **Schock** → 1
die **Schokolade**
schon
schön, etwas Schönes
schonen, du schonst
die **Schönheit**
die **Schonung** – schonen
der **Schopf,** die Schöpfe
schöpfen, du schöpfst
der **Schöpfer** – schöpfen
der **Schornstein,**
die Schornsteine
der **Schornsteinfeger**
der **Schoß,** die Schöße → 18
er **schoss** – schießen
der **Schotter** → 9

schr

schräg
die **Schramme,**
die Schrammen → 4 ★
der **Schrank,** die Schränke
die **Schranke,** die Schranken
die **Schraube,** die Schrauben
schrauben, du schraubst
der **Schreck[en],**
die Schrecken → 1
schrecklich → 1
der **Schrei,** die Schreie
schreiben, du schreibst,
er schrieb
schreien, du schreist,
er schrie
der **Schreiner,** die Schreiner
die **Schreinerei,** die Schreinereien
die **Schreinerin**
schreiten, du schreitest,
er schritt
er **schrie** – schreien → 11
er **schrieb** – schreiben → 11
die **Schrift,** die Schriften
schriftlich
der **Schritt** – schreiten → 9 ★
er **schritt** – schreiten → 9 ★
der **Schrott,** der Schrottplatz → 9 ★
schrubben, du schrubbst ★
der **Schrubber** – schrubben ★
schrumpfen, du schrumpfst

schu

das **Schubfach,** die Schubfächer
die **Schubkarre,**
die Schubkarren → 7 ★

★ Sprich den Selbstlaut vor dem doppelten Mitlaut kurz. ★

die **Schublade,** die Schubladen
schubsen, du schubst
schüchtern
der **Schuft** – schuften
der **Schuh,** die Schuhe
die **Schuld,** die Schulden → 23
schulden, du schuldest
schuldig
die **Schule,** die Schulen
der **Schüler,** die Schüler
die **Schülerin,** die Schülerinnen
die **Schulter,** die Schultern
schummeln, du schummelst → 4
die **Schuppe,** die Schuppen → 6
der **Schuppen,** die Schuppen → 6
schüren, du schürst
die **Schürze,** die Schürzen ★
der **Schuss,** die Schüsse → 8
die **Schüssel,** die Schüsseln → 8
der **Schuster,** die Schuster
der **Schutt** → 9
schütteln, du schüttelst → 9
schütten, du schüttest → 9
der **Schutz** → 10
der **Schütze,** die Schützen → 10
schützen, du schützt → 10

schw

Schwaben, schwäbisch
schwach
die **Schwäche** – schwach → 19
schwächer – schwach → 19
schwächlich – schwach → 19
der **Schwager,** die Schwäger
die **Schwägerin,**
die Schwägerinnen → 19
die **Schwalbe,** die Schwalben
der **Schwamm,**
die Schwämme → 4
er **schwamm** – schwimmen → 4
der **Schwan,** die Schwäne
er **schwang** – schwingen
schwanger
die **Schwangerschaft**
schwanken, du schwankst
der **Schwanz,** die Schwänze ★
schwänzen, du schwänzt ★
der **Schwarm,** die Schwärme
schwärmen,
du schwärmst → 19
schwarz ★
schwätzen, du schwätzt
schweben, du schwebst
Schweden, schwedisch
schweigen, du schweigst,
er schwieg
schweigsam
das **Schwein,** die Schweine
der **Schweiß**
schweißen, er schweißt
die **Schweiz,** schweizerisch
schwellen, es schwillt,
es schwoll → 3

S

★ Nach Mitlauten steht nur **z**, nie **tz**. ★

die **Schwellung** – schwellen → 3
schwenken, du schwenkst
schwer
schwerfällig → 19, 3
schwerhörig
das **Schwert,** die Schwerter
die **Schwester,** die Schwestern
er **schwieg** – schweigen → 11 ★
schwierig → 11 ★
die **Schwierigkeit,** die Schwierigkeiten → 11 ★
es **schwillt** – schwellen → 3
schwimmen, du schwimmst, er schwamm → 4
der **Schwimmer,** die Schwimmer → 4
die **Schwimmerin,** die Schwimmerinnen → 4
der **Schwindel**
schwindeln, du schwindelst
der **Schwindler,** die Schwindler
schwind[e]lig
schwingen, du schwingst, er schwang
schwitzen, du schwitzt → 10
es **schwoll** – schwellen → 3
er **schwor** – schwören
schwören, du schwörst, er schwor
schwül
die **Schwüle**
der **Schwung,** die Schwünge

se

sechs
sechzehn → 13
sechzig
der **See,** die Seen → 16 ★
die **Seele,** die Seelen → 16 ★
das **Segel,** die Segel
segeln, du segelst
der **Segen** – segnen
sehen, du siehst, er sah
die **Sehne,** die Sehnen → 13 ★
sich **sehnen,** du sehnst dich → 13 ★
die **Sehnsucht** → 13 ★
sehr → 13 ★
seicht
ihr **seid** fröhlich
die **Seide** (ein Kleid aus Seide)
die **Seife,** die Seifen
das **Seil,** die Seile
sein (fröhlich sein)
sein (sein Geld)
seit (seit heute)
seitdem
die **Seite** (die linke Seite)
seitwärts
der **Sekretär,** die Sekretäre
die **Sekretärin,** die Sekretärinnen
der **Sekt**
die **Sekunde,** die Sekunden
sekundenlang

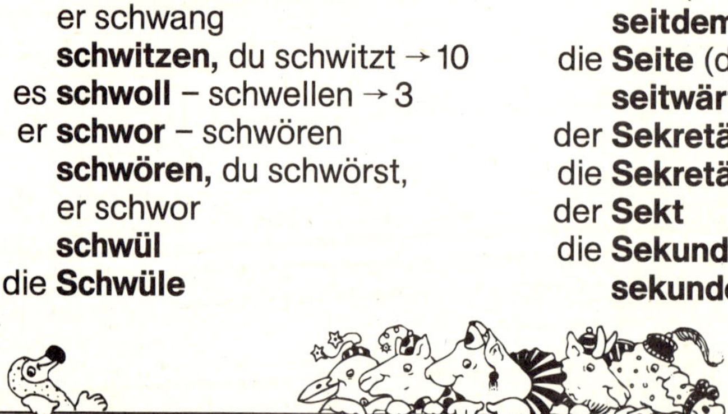

★ Diese Wörter enthalten ein Dehnungszeichen. ★

selber
selbst
selbst[st]ändig
die **Selbst[st]ändigkeit**
der **Selbstbedienungsladen**
selbstverständlich
selig
selten
die **Seltenheit**
das **Selter[s]wasser** → 8
seltsam
die **Semmel,** die Semmeln → 4
senden, du sendest,
er sandte
der **Sender** – senden
die **Sendung** – senden
der **Senf**
senken, du senkst den Blick
senkrecht
die **Senkrechte,** die Senkrechten
die **Sensation,** die Sensationen
sensationell → 3
die **Sense,** die Sensen
der **September**
die **Serpentine,** die Serpentinen
die **Serviette,** die Servietten → 9
der **Sessel,** die Sessel → 8
sich **setzen,** du setzt dich → 10
die **Seuche,** die Seuchen → 21
seufzen, du seufzt → 21
der **Seufzer** – seufzen → 21

sh

das **Shampoo**
der **Sheriff,** die Sheriffs → 2
die **Shorts** (kurze Hosen)
die **Show,** die Shows

si

sich
die **Sichel,** die Sicheln
sicher
die **Sicherheit**
die **Sicherung** – sichern
die **Sicht** – sehen
sichtbar
sie
das **Sieb** – sieben → 11, 22
sieben, du siebst → 11
sieben (die sieben Schwaben)
siebzehn → 11
siebzig → 11
die **Siedlung** – siedeln → 11
der **Sieg** – siegen → 11, 24
siegen, du siegst → 11
du **siehst** – sehen → 12
das **Signal,** die Signale
die **Silbe,** die Silben
das **Silber**
das **Silo,** die Silos
Silvester
sie **sind,** sie waren – sein
singen, du singst, er sang ✶
(ein Lied singen)

✶ Unterscheide: sin**g**en – sin**k**en. Sprich deutlich. ✶

der **Singular**
sinken, es sinkt, es sank (das Schiff sinkt)
der **Sinn,** die Sinne → 5
die **Sirene,** die Sirenen
der **Sirup**
der **Sitz,** die Sitze → 10
sitzen, du sitzt, er saß → 10
die **Sitzung** – sitzen → 10

sk

die **Skala,** die Skalen
das **Skateboard,** die Skateboards
das **Skelett,** die Skelette → 9
der **Ski** [Schi], die Skier [Schier]
die **Skizze,** die Skizzen

sl

die **Slowakei,** slowakisch

sm

der **Smog,** Smogalarm

so

so
die **Socke,** die Socken → 1
sodass [so dass]
das **Sofa,** die Sofas
sofort
er **sog** – saugen
sogar
die **Sohle** – besohlen → 13
der **Sohn,** die Söhne → 13
solche (solche Leute)
der **Soldat,** die Soldaten
sollen, du sollst → 3
der **Sommer** → 4
das **Sonderangebot,** die Sonderangebote
sonderbar
die **Sonderfahrt,** die Sonderfahrten → 13
sondern
der **Sonnabend** → 5, 23
sonnabends → 5
die **Sonne** – sich sonnen → 5
sonnig – sich sonnen → 5
der **Sonntag,** am Sonntag → 5
sonntags → 5
sonst
sooft ✶
die **Sorge** – sorgen
sorgen, du sorgst
die **Sorgfalt**
sorgfältig → 19
die **Sorte,** die Sorten
sortieren, du sortierst → 14
die **Soße,** die Soßen → 18
sowohl → 13
sozial

spa

die **Spaghetti** [Spagetti] → 9
spähen, du spähst
der **Spalt** – spalten
der **Span,** die Späne

✶ **oo** entsteht hier durch Zusammensetzen mit **so-**. ✶

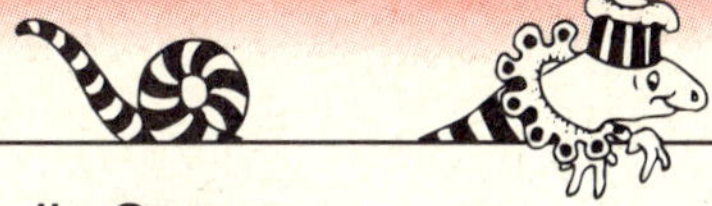

die **Spange,** die Spangen
Spanien, spanisch
er **spann** – spinnen → 5
spannen, du spannst → 5
spannend → 5, 23
die **Spannung** → 5
sparen, du sparst
der **Spargel,** die Spargel
sparsam
der **Spaß,** die Späße → 18
spaßen, du spaßt → 18
spaßig – spaßen → 18
spät
der **Spaten,** die Spaten
spätestens
der **Spatz,** die Spatzen → 10
spazieren, du spazierst → 14
(spazieren gehen)

spe

der **Specht,** die Spechte
der **Speck** → 1
speckig → 1
der **Speer,** die Speere → 16 ★
die **Speiche,** die Speichen
der **Speichel**
der **Speicher** – speichern
speien, du speist, er spie
die **Speise** – speisen
speisen, du speist
der **Spektakel** (Lärm)
die **Spende** – spenden
spenden, du spendest
der **Sperling,** die Sperlinge
die **Sperre** – sperren → 7 ★
sperren, du sperrst → 7
sich **spezialisieren** → 14
der **Spezialist,** die Spezialisten
die **Spezialistin**
die **Spezialität,** die Spezialitäten

spi

er **spie** – speien → 11
der **Spiegel** – spiegeln → 11
spiegeln, du spiegelst → 11
das **Spiel** – spielen → 11
spielen, du spielst → 11
der **Spieß** – spießen → 11, 18
der **Spinat**
die **Spinne** – spinnen → 5
spinnen, du spinnst → 5
der **Spion,** die Spione
spionieren, du spionierst → 14
der **Spiritus**
spitz → 10
die **Spitze,** die Spitzen → 10
spitzen, du spitzt → 10
der **Spitzer** – spitzen → 10

spl

der **Splitter** – splittern → 9

spo

der **Sport** (Sport treiben)
der **Sportler,** die Sportler
die **Sportlerin,** die Sportlerinnen

S

★ Unterscheide: die Sp**ee**re – die Spe**rr**e. Sprich deutlich. ★

sportlich
der **Spott** (verspotten) → 9
spotten, du spottest → 9
spöttisch → 9

spr

er **sprach** – sprechen
die **Sprache** – sprechen
sprachlos
er **sprang** – springen
das **Spray,** die Sprays
sprechen, du sprichst, er sprach
der **Sprecher** – sprechen
die **Sprecherin**
sprengen, du sprengst
du **sprichst** – sprechen
das **Sprichwort** – sprechen
sprießen, es sprießt, es spross
springen, du springst, er sprang
der **Sprit**
die **Spritze** – spritzen → 10
spritzen, du spritzt → 10
spröd[e] (sprödes Material)
der **Spross** – sprießen
es **spross** – sprießen
die **Sprosse,** die Sprossen → 8
der **Spruch,** die Sprüche
der **Sprudel** – sprudeln
sprühen, du sprühst
der **Sprung,** die Sprünge
die **Sprungschanze**

spu

die **Spucke** – spucken → 1
spucken, du spuckst → 1 ★
spuken, es spukt ★ (das Spukschloss)
die **Spüle** – spülen
spülen, du spülst
die **Spur,** die Spuren
spüren, du spürst
spurlos

sta

der **Staat,** die Staaten → 15 (der Staatsbürger)
staatlich → 15
der **Stab,** die Stäbe → 22
stabil
er **stach** – stechen
der **Stachel,** die Stacheln
stach[e]lig
der **Stadel,** die Stadel
das **Stadion,** die Stadien
die **Stadt,** die Städte
der **Stadtrat,** die Stadträte
die **Stadträtin**
die **Staffel,** die Staffeln → 2
der **Stahl** (hart wie Stahl) → 13
er **stahl** – stehlen → 13
der **Stall,** die Ställe (Kuhstall)
der **Stamm,** die Stämme → 4
stampfen, du stampfst

★ Unterscheide: spu**ck**en – spu**k**en. Sprich deutlich. ★

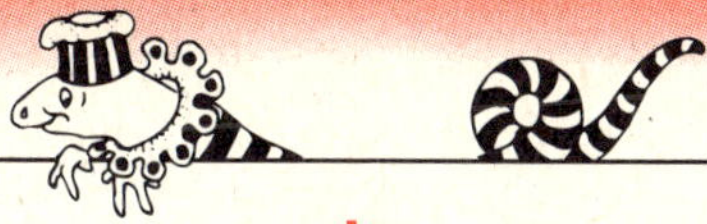

der **Stand,** die Stände → 23
er **stand** – stehen → 23
der **Ständer,** die Ständer
ständig
die **Stange,** die Stangen
der **Stängel,** die Stängel → 19
es **stank** – stinken
der **Stapel,** die Stapel
stapeln, du stapelst
stapfen, du stapfst
der **Star,** die Stare (Vogel)
der **Star,** die Stars (Filmstar)
er **starb** – sterben → 22
stark – stärker
die **Stärke** – sich stärken → 19
starr (starr vor Schreck)
starren, du starrst → 7
der **Start,** die Starts
starten, du startest
die **Station,** die Stationen
statt → 9 ✶
stattdessen [statt dessen]
stattfinden, es findet statt, es fand statt
die **Statue,** die Statuen
der **Stau** – stauen
der **Staub**
stauben – es staubt
staubig
(sich) **stauen** – es staut (sich)
staunen, du staunst

ste

stechen, du stichst, er stach
stecken, du steckst → 1
der **Stecker** – stecken → 1
der **Steg,** die Stege → 24
stehen, du stehst, er stand
stehlen, du stiehlst, er stahl → 13
steif
steigen, du steigst, er stieg
die **Steigung** – steigen
steil
der **Stein,** die Steine
steinig
die **Stelle** – stellen → 3
stellen, du stellst → 3
die **Stellung,** die Stellungen → 3
die **Stelze,** die Stelzen
stemmen, du stemmst → 4
der **Stempel** – stempeln
stempeln, du stempelst
sterben, du stirbst, er starb
die **Stereoanlage,** die Stereoanlagen
der **Stern,** die Sterne
stets
das **Steuer** – steuern → 21
die **Steuer** (Steuern zahlen) → 21

sti

der **Stich** – stechen
du **stichst** – stechen

S

✶ Unterscheide: der St**aa**t – die St**adt** – sta**tt**. Sprich deutlich. ✶

sticken, du stickst → 1
der **Stiefel,** die Stiefel → 11
die **Stiefeltern**
(Stiefmutter, Stiefvater) → 11
er **stieg** – steigen → 11
du **stiehlst** – stehlen → 12
der **Stiel,** die Stiele (Stängel) → 11 ★
der **Stier,** die Stiere → 11
er **stieß** – stoßen → 11, 18
der **Stift,** die Stifte
still → 3 ★
die **Stimme,** die Stimmen → 4
stimmen, es stimmt → 4
es **stimmt** → 4
die **Stimmung,** die Stimmungen
stinken, es stinkt, es stank
du **stirbst** – sterben
die **Stirn[e],** das Stirnband

sto

stöbern, du stöberst
der **Stock,** die Stöcke → 1
das **Stockwerk,** die Stockwerke → 1
der **Stoff,** die Stoffe → 2
stöhnen, du stöhnst → 13
der **Stollen,** die Stollen → 3
stolpern, du stolperst
der **Stolz**
stolz
stolzieren, du stolzierst → 14
stop (nur auf
Verkehrsschildern)
stopfen, du stopfst
stoppen, du stoppst → 6
der **Stöpsel,** die Stöpsel
der **Storch,** die Störche
stören, du störst
die **Störung** – stören
der **Stoß** – stoßen → 18
stoßen, du stößt, er stieß → 18
stottern, du stotterst → 9

str

die **Strafe** – strafen
strafen, du strafst
der **Strahl,** die Strahlen → 13
strahlen, du strahlst → 13
stramm → 4
strampeln, du strampelst
der **Strand,** die Strände → 23
die **Strapaze,** die Strapazen
die **Straße,** die Straßen → 18
sich **sträuben,**
du sträubst dich
der **Strauch,** die Sträucher
der **Strauß,** die Sträuße (Blumen)
die **Strecke** – strecken → 1
sich **strecken,** du streckst dich → 1
der **Streich,** die Streiche
streicheln, du streichelst
streichen, du streichst,
er strich
der **Streifen,** die Streifen
streifen, du streifst

S

★ Unterscheide: der St**iel** – st**ill**. Sprich deutlich. ★

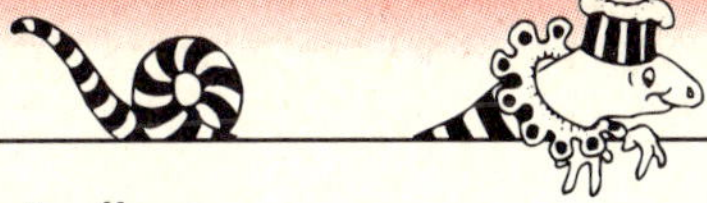

der **Streik** – streiken
der **Streit** – streiten
streiten, du streitest, er stritt
streng
der **Stress** → 8
streuen, du streust → 21
streunen, du streunst → 21
der **Strich,** die Striche
er **strich** – streichen
der **Strick,** die Stricke → 1★
stricken, du strickst → 1★
er **stritt** – streiten → 9
das **Stroh**
der **Strolch** – strolchen
der **Strom,** die Ströme
strömen, es strömt
die **Strömung** – strömen
die **Strophe,** die Strophen
der **Strudel,** die Strudel
der **Strumpf,** die Strümpfe
struppig → 6
der **Struwwelpeter**

stu

die **Stube,** die Stuben
das **Stück,** die Stücke → 1★
der **Student,** die Studenten
die **Studentin,** die Studentinnen
studieren, du studierst → 14
das **Studium,** die Studien
die **Stufe,** die Stufen
der **Stuhl,** die Stühle → 13
stumm → 4
stumpf
die **Stunde,** die Stunden
stündlich
stur
der **Sturm,** die Stürme
stürmen, es stürmt
stürmisch
der **Sturz,** die Stürze
stürzen, du stürzt
die **Stute,** die Stuten
die **Stütze,** die Stützen → 10★
stutzen, du stutzt → 10★
stützen, du stützt → 10★
stutzig – stutzen → 10★

su

das **Subjekt,** die Subjekte
das **Substantiv,** die Substantive
subtrahieren,
du subtrahierst → 14
die **Suche** – suchen
suchen, du suchst
der **Süden**
südlich
die **Summe,** die Summen → 4
summen, du summst → 4
der **Sumpf,** die Sümpfe
die **Sünde,** die Sünden
sündigen, du sündigst
super
der **Supermarkt,** die Supermärkte

★ Sprich den Selbstlaut vor **tz** und **ck** kurz. ★

die **Suppe,** die Suppen → 6
surfen, du surfst
süß → 18
die **Süßigkeit** → 18
süßlich → 18

T

ta

der **Tabak**
die **Tabelle,** die Tabellen → 3
das **Tablett,** die Tabletts → 9
die **Tablette,** die Tabletten → 9
der **Tachometer,** die Tachometer
der **Tadel** – tadeln
die **Tafel,** die Tafeln
der **Tag,** die Tage → 24
tagelang
täglich → 19
das **Tal,** die Täler
der **Tank,** die Tanks
tanken, du tankst Benzin ✶
der **Tanker,** die Tanker
der **Tankwart,** die Tankwarte
die **Tanne,** die Tannen → 5
die **Tante,** die Tanten
der **Tanz,** die Tänze
tanzen, du tanzt
der **Tänzer,** die Tänzer → 19
die **Tänzerin,** die Tänzerinnen
die **Tapete,** die Tapeten
tapezieren, du tapezierst → 14
tapfer
die **Tapferkeit**
sich **tarnen,** du tarnst dich
die **Tarnung**
die **Tasche,** die Taschen
die **Tasse,** die Tassen → 8
die **Taste,** die Tasten
tasten, du tastest
die **Tat,** die Taten
er **tat** – tun
der **Täter,** die Täter → 19
die **Täterin,** die Täterinnen → 19
tätig → 19
die **Tätigkeit** → 19
tatsächlich → 19
die **Tatze,** die Tatzen → 10
das **Tau,** die Taue (Seil)
der **Tau,** die Tautropfen
taub
die **Taube,** die Tauben
tauchen, du tauchst
der **Taucher,** die Taucher
tauen, es taut
die **Taufe,** die Taufen
taufen, du wirst getauft

✶ Unterscheide: **t**anken – **d**anken. Sprich deutlich. ✶

taugen, du taugst nichts
der **Tausch** – tauschen
tauschen, du tauschst
täuschen, du täuschst → 20
die **Täuschung** – täuschen → 20
tausend → 23
das **Taxi,** die Taxis

te

die **Technik,** die Techniken
der **Techniker,** die Techniker
die **Technikerin**
technisch
der **Teddy,** die Teddys
der **Tee,** die Tees → 16
der **Teer** – teeren → 16
der **Teich,** die Teiche
der **Teig,** die Teige (Brotteig) → 24
der **Teil,** die Teile
teilen, du teilst
die **Teilnahme** – teilnehmen → 13
teilnehmen – du nimmst teil → 13
der **Teilnehmer,** die Teilnehmer → 13
die **Teilnehmerin**
teilweise
das **Telefon,** die Telefone
telefonieren, du telefonierst → 14
das **Telegramm** → 4
der **Teller,** die Teller → 3
das **Temperament,** die Temperamente
die **Temperatur,** die Temperaturen
das **Tempo,** die Tempos [die Tempi]
das **Tennis** → 5
der **Teppich,** die Teppiche → 6
der **Termin,** die Termine
die **Terrasse,** die Terrassen → 7, 8
der **Test,** die Tests
das **Testament,** die Testamente
testen, du testest
teuer → 21
der **Teufel,** die Teufel → 21
der **Text,** die Texte

th

das **Theater,** die Theater ★
das **Thema,** die Themen ★
das **Thermometer,** die Thermometer ★
die **Thermosflasche,** die Thermosflaschen ★
der **Thron,** die Throne ★
der **Thunfisch** [Tunfisch] ★
Thüringen, thüringisch ★

ti

ticken, es tickt → 1
das **Ticket** (Fahrkarte)
tief → 11
die **Tiefe,** die Tiefen → 11
das **Tier,** die Tiere → 11
der **Tiger,** die Tiger

T

★ Achte auf **Th** am Wortanfang. ★

die **Tinte,** die Tinten
der **Tipp,** die Tipps → 6
tippen, du tippst → 6
der **Tisch,** die Tische

to

der **Toast,** die Toasts [die Toaste] ★
toben, du tobst
die **Tochter,** die Töchter
der **Tod** → 23
tödlich
todsicher
die **Toilette,** die Toiletten → 9 ★
toll → 3
tollen, du tollst herum → 3
der **Tollpatsch,** tollpatschig
die **Tollwut** → 3
tollwütig → 3
die **Tomate,** die Tomaten
die **Tombola**
der **Ton,** die Töne
tönen, es tönt
die **Tonne,** die Tonnen → 5
der **Topf,** die Töpfe
das **Tor,** die Tore
der **Torf**
töricht
torkeln, du torkelst
die **Torte,** die Torten
tot
total
der [die] **Tote,** die Toten
töten, du tötest
totenblass
totenstill → 3
sich **totlachen,** er lacht sich tot
die **Tour,** die Touren ★
der **Tourist,** die Touristen ★

tr

traben, du trabst
die **Tracht,** die Trachten
er **traf** – treffen
der **Trafo,** die Trafos
träge
tragen, du trägst, er trug
der **Träger** – tragen → 19
du **trägst** – tragen
der **Trainer,** die Trainer ★
die **Trainerin,** die Trainerinnen ★
trainieren, du trainierst → 14 ★
das **Training** ★
der **Traktor,** die Traktoren
trampeln, du trampelst
das **Trampolin**
die **Tränen**
er **trank** – trinken
der **Transport,** die Transporte
transportieren,
du transportierst → 14
er **trat** – treten
die **Traube,** die Trauben
sich **trauen,** du traust dich
die **Trauer**

T

★ Dieses Wort wird anders geschrieben als gesprochen. ★

trauern, du trauerst
der **Traum,** die Träume
träumen, du träumst → 20
traurig
die **Trauung**
treffen, du triffst, er traf → 2 ★
der **Treffer** – treffen → 2
treiben, du treibst, er trieb
trennen, du trennst → 5 ★
die **Trennung** – trennen → 5 ★
die **Treppe,** die Treppen → 6 ★
treten, du trittst, er trat
treu → 21
die **Treue** → 21
die **Tribüne,** die Tribünen
der **Trichter,** die Trichter
der **Trick,** die Tricks → 1
tricksen,
er trickst mich aus → 1
er **trieb** – treiben → 11
du **triffst** – treffen → 2 ★
das **Trikot,** die Trikots
die **Trillerpfeife** → 3 ★
sich **trimmen,** du trimmst dich → 4 ★
trinken, du trinkst, er trank
trippeln, du trippelst → 6 ★
der **Tritt,** die Tritte → 9 ★
du **trittst** – treten → 9 ★
der **Triumph,** die Triumphe
triumphieren,
du triumphierst → 14

trocken → 1
die **Trockenheit** → 1
trocknen, es trocknet → 1
trödeln, du trödelst
die **Trommel,** die Trommeln → 4 ★
trommeln, du trommelst → 4 ★
die **Trompete,** die Trompeten
es **tröpfelt**
tropfen, es tropft
der **Tropfen,** die Tropfen
der **Trost** – trösten
trösten, du tröstest
der **Trottel,** die Trottel → 9 ★
der **Trotz** – trotzen → 10
trotzdem → 10
trotzen, du trotzt → 10
trotzig → 10
trüb[e]
der **Trubel**
er **trug** – tragen
die **Truhe,** die Truhen
die **Trümmer** → 4 ★
der **Truthahn,** die Truthähne → 13

ts

die **Tschechische Republik**
tschüs [tschüss]
das **T-Shirt,** die T-Shirts

tu

die **Tube,** die Tuben
das **Tuch,** die Tücher
tüchtig

★ Sprich den Selbstlaut vor dem doppelten Mitlaut kurz. ★

die **Tulpe,** die Tulpen
sich **tummeln,**
du tummelst dich → 4
der **Tümpel,** die Tümpel
tun, du tust, er tat
der **Tunfisch** → Thunfisch
der **Tunnel,** die Tunnel[s] → 5
tupfen, du tupfst
die **Tür,** die Türen
die **Türkei,** türkisch
der **Turm,** die Türme
turnen, du turnst
die **Tusche** – die Tuschzeichnung
tuscheln, du tuschelst
die **Tüte,** die Tüten
tuten, es tutet

ty

der **Typ,** die Typen
typisch

U

ub

übel, mir ist es übel
üben, du übst
über ✱
überall → 3
überflutet
überfüllt → 3
überhaupt
überlisten, du überlistest
der **Übermut**
übermütig
überqueren, du überquerst
überraschen, du überraschst
die **Überraschung** – überraschen
die **Überschwemmung** –
überschwemmen → 4
übersichtlich
überzeugen,
du überzeugst → 21
übrig
übrigens
die **Übung** – üben

uf

das **Ufer,** die Ufer

uh

die **Uhr,** die Uhren → 13
der **Uhu,** die Uhus

um ✱

um
die **Umgebung** – umgeben
umgekehrt → 13
der **Umhang,** die Umhänge
umher
umkehren, du kehrst um → 13
der **Umschlag,** die Umschläge
umsonst
umständlich → 19

✱ Nicht alle Wörter mit **über-, um-** stehen hier. Schlage getrennt nach. ✱

der **Umweltschutz** → 10
un ★
unbedingt
und
unentgeltlich
unentschieden → 11
unerhört
unerträglich → 19
unfair
der **Unfall,** die Unfälle → 3
der **Unfug**
Ungarn, ungarisch
ungefähr
das **Ungeheuer,**
die Ungeheuer → 21
ungeheuerlich → 21
das **Ungeziefer** → 11
ungezogen
unglaublich
das **Unglück,** die Unglücke → 1
die **Uniform,** die Uniformen
die **Universität,**
die Universitäten
das **Unkraut,** die Unkräuter
das **Unrecht**
die **Unruhe,** die Unruhen
unruhig
uns
die **Unschuld** → 23
unschuldig
unser
der **Unsinn** → 5
unsinnig → 5
unten
unter ★
die **Unterbrechung** –
unterbrechen
unterdessen → 8
untereinander
die **Unterführung** → 13
der **Untergang** – untergehen
unterhalb → 22
sich **unterhalten,**
du unterhältst dich
die **Unterhaltung** – unterhalten
der **Unterricht** – unterrichten
unterscheiden,
du unterscheidest
der **Unterschied,**
die Unterschiede → 11
der **Unterschlupf**
die **Untersuchung** – untersuchen
unterwegs
unverschämt → 19
das **Unwetter,** die Unwetter → 9
ur ★
uralt
die **Urgroßeltern**
die **Urgroßmutter**
der **Urgroßvater**
die **Urkunde,** die Urkunden
der **Urlaub** → 22

U

★ Nicht alle Wörter mit **un-, unter-, ur-** stehen hier. Schlage getrennt nach. ★

die **Ursache,** die Ursachen
das **Urteil,** die Urteile
urteilen, du urteilst
der **Urwald,** die Urwälder → 23

V*

va

der **Vampir,** die Vampire
das **Vanilleeis** → 3
die **Vase,** die Vasen
der **Vater,** die Väter

ve

der **Vegetarier,** die Vegetarier
die **Vegetarierin**
das **Veilchen,** die Veilchen
das **Ventil,** die Ventile
sich **verabreden,** du verabredest dich
sich **verabschieden,** du verabschiedest dich → 11
die **Veranda,** die Veranden
die **Veranstaltung** – veranstalten
verantwortlich
die **Verantwortung** – verantworten
das **Verb,** die Verben → 22
der **Verband,** die Verbände → 23
er **verbarg** – verbergen → 24
verbergen, du verbirgst, er verbarg
verbessern, du verbesserst → 8
die **Verbesserung** → 8
verbieten, du verbietest, er verbot
du **verbirgst** – verbergen
verblüfft – verblüffen → 2
verborgen – verbergen
das **Verbot** – verbieten
verboten – verbieten
er **verbot** – verbieten
der **Verbraucher** – verbrauchen
das **Verbrechen,** die Verbrechen
der **Verbrecher,** die Verbrecher
die **Verbrecherin**
der **Verdacht** – verdächtigen
verdächtigen, du verdächtigst → 19
verdammt → 4
er **verdarb** – verderben → 22
verdauen, du verdaust
die **Verdauung** – verdauen
verderben, es verdirbt, es verdarb
verdienen, du verdienst → 11
der **Verdienst** – verdienen → 11
du **verdirbst** – verderben
verdorben – verderben

* Suche auch unter F. *

verdorren, es verdorrt → 7 ✱
verdunkeln, du verdunkelst
verdunsten, es verdunstet
die **Verdunstung** – verdunsten
verdursten, du verdurstest
verdutzt → 10
der **Verein,** die Vereine
vereinbaren, du vereinbarst
verflixt
die **Vergangenheit**
er **vergaß** – vergessen → 18
vergebens
vergeblich
vergessen, du vergisst,
er vergaß → 8
vergesslich – vergessen
vergeuden,
du vergeudest → 21
das **Vergissmeinnicht**
du **vergisst** – vergessen
vergleichen, du vergleichst,
er verglich
verglichen – vergleichen
das **Vergnügen** – sich vergnügen
vergnügt
vergrößern,
du vergrößerst → 18
die **Vergrößerung**
verhaften
die **Verhaftung,** die Verhaftungen
verheerend → 16
verheimlichen,
du verheimlichst
verheiratet
verhext
verhindern, du verhinderst
verhöhnen, du verhöhnst → 13
sich **verirren,** du verirrst dich → 7
verkaufen, du verkaufst
der **Verkäufer,** die Verkäufer → 20
die **Verkäuferin,**
die Verkäuferinnen → 20
der **Verkehr** → 13
verkehrt → 13
verkrampft
verlangen, du verlangst
verlängern,
du verlängerst → 19
die **Verlängerung** –
verlängern → 19
verlassen, du verlässt,
er verließ → 8
verletzen, du verletzt → 10
verletzt → 10
die **Verletzung** – verletzen → 10
verlieren, du verlierst, er verlor
er **verließ** – verlassen → 18
verloren – verlieren
die **Verlosung** – verlosen
der **Verlust** – verlieren
(sich) **vermehren,**
sie vermehren (sich) → 13

V

✱ Denke an weitere Zusammensetzungen mit der Vorsilbe **ver-**. ✱

vermeiden, du vermeidest, er vermied
vermieden – vermeiden → 11
vermissen, du vermisst → 8
das **Vermögen**
vermuten, du vermutest
vermutlich
die **Vermutung** – vermuten
vernichten, du vernichtest
vernünftig
verpassen, du verpasst → 8
verpetzen, du verpetzt → 10
verplempern, du verplemperst
der **Verrat** *
verraten, du verrätst, er verriet *
der **Verräter,** die Verräter → 19 *
er **verriet** – verraten
verrückt → 1 *
der **Vers,** die Verse
der **Versand** – versenden
versäumen, du versäumst
verscheuchen, du verscheuchst → 21
verschieden → 11
verschlampen, du verschlampst
sich **verschlechtern,** du verschlechterst dich
verschließen, du verschließt, er verschloss → 18
verschlossen – verschließen → 8
der **Verschluss,** die Verschlüsse → 8
er **verschwand** – verschwinden → 23
verschwenden, du verschwendest
verschwinden, du verschwindest, er verschwand
verschwommen – verschwimmen → 4
verschwunden – verschwinden
aus **Versehen**
versengen, du versengst (die Tischdecke versengen)
versenken, du versenkst (ein Schiff versenken)
die **Versicherung** – versichern
versickern, es versickert → 1
sich **versöhnen,** du versöhnst dich → 13
die **Verspätung** – sich verspäten
der **Verstand** – verstehen
er **verstand** – verstehen
verständlich → 19
verstauchen, du verstauchst
das **Versteck** – verstecken → 1
verstehen, du verstehst, er verstand

V

* **rr** ensteht durch Zusammensetzen mit **ver-**. *

der **Versuch** – versuchen
versuchen, du versuchst ★
verteidigen, du verteidigst
der **Verteidiger,** die Verteidiger
die **Verteidigerin**
der **Vertrag,** die Verträge
sich **vertragen,** du verträgst dich, er vertrug sich
das **Vertrauen**
vertrauen, du vertraust
vertraulich
der **Vertreter,** die Vertreter
die **Vertreterin,** die Vertreterinnen
er **vertrug** sich – sich vertragen
verunglücken, du verunglückst → 1
verurteilen, du verurteilst
sich **verwandeln,** du verwandelst dich
der **Verwandte,** die Verwandten
verwechseln, du verwechselst
der **Verweis,** die Verweise
verwelken, es verwelkt
verwirrt – verwirren → 7
verwöhnen, du verwöhnst → 13
verwunden (verletzen)
verwundert – sich wundern
verzehren, du verzehrst → 13
verzeihen, du verzeihst, er verzieh
verzichten, du verzichtest
verzieren, du verzierst → 11
die **Verzierung** – verzieren → 11
verzweifeln, du verzweifelst
vespern, du vesperst
der **Vetter,** die Vettern → 9

vi

das **Video,** der Videorekorder
der **Videoclip**
das **Vieh** → 12
viel (viel Geld)
vielfältig → 11, 19
der **Vielfraß,** die Vielfraße → 11, 18
vielleicht
vier → 11
das **Viereck,** die Vierecke → 11, 1
das **Viertel,** die Viertel → 11
viertens → 11
vierzehn → 11, 13
vierzig → 11
die **Villa,** die Villen → 3
violett → 9
die **Violine,** die Violinen
das **Vitamin,** die Vitamine

vo

der **Vogel,** die Vögel
der **Vokal,** die Vokale
das **Volk,** die Völker
voll → 3
der **Volleyball,** die Volleybälle → 3
völlig → 3

★ Nicht alle Wörter mit **ver-** stehen hier. Schlage getrennt nach. ★

vollkommen → 3, 4
vollständig → 3
vollzählig → 3
vom
von
vor
voran
voraus
voraussichtlich
vorbei
das **Vorbild,** die Vorbilder → 23
vorbildlich
der **vordere** Wagen
der **Vordermann** → 5
voreilig
vorerst
die **Vorfahrt** → 13
vorhanden
der **Vorhang,** die Vorhänge
vorher
voriges Jahr
vorläufig → 20
vorlaut
der **Vormittag,** am Vormittag → 9
vormittags → 9
der **Vormund**
vorn
vornehm → 13
der **Vorort,** die Vororte
der **Vorrat,** die Vorräte
der **Vorsatz,** die Vorsätze → 10
zum **Vorschein** kommen
der **Vorschlag,** die Vorschläge
die **Vorschrift,** die Vorschriften
die **Vorsicht**
vorsichtig
der **Vorstand,** die Vorstände → 23
sich **vorstellen,**
du stellst dich [dir] vor → 3
die **Vorstellung** – vorstellen → 3
der **Vorteil,** die Vorteile
der **Vortrag,** die Vorträge
vorüber
vorwärts

vu

der **Vulkan,** die Vulkane

W

wa

die **Waage** – wiegen → 15 ✶
waag[e]recht → 15
die **Wabe,** die Waben
wach
wachen, du wachst
das **Wachs,** die Wachse
wachsam
wachsen, du wächst, er wuchs

V
W

✶ Unterscheide: die W**aa**ge – der W**a**gen. ✶

der **Wächter** – wachen → 19
wack[e]lig → 1
wackeln, du wackelst → 1
die **Wade,** die Waden
die **Waffe,** die Waffen → 2
der **Wagen,** die Wagen
wagen, du wagst
der **Waggon** [Wagon], die Waggons
waghalsig
der **Wagon** → Waggon
die **Wahl** – wählen → 13
wählen, du wählst → 19, 13
der **Wahnsinn** → 13, 5
wahnsinnig → 13, 5
wahr → 13 *
(eine wahre Geschichte)
während → 13
wahrhaftig → 13
die **Wahrheit** → 13
wahrscheinlich → 13
das **Waisenhaus,** die Waisenhäuser
das **Waisenkind,** die Waisenkinder → 23
der **Wal,** die Wale (Tier)
der **Wald,** die Wälder → 23
der **Wall,** die Wälle → 3
wallfahren → 3, 13
die **Wallfahrt** → 3, 13
die **Walnuss,** die Walnüsse → 8
die **Walze** – wälzen
sich **wälzen,** du wälzt dich → 19
die **Wand,** die Wände → 23
er **wand** sich – sich winden → 23
der **Wanderer** – wandern
wandern, du wanderst
die **Wanderung** – wandern
er **wandte** sich – sich wenden
die **Wange,** die Wangen
wanken, du wankst
wann → 5
die **Wanne,** die Wannen → 5
das **Wappen,** die Wappen → 6
ich **war** (ich war froh) – sein *
er **warb** – werben → 22
die **Ware,** die Waren
er **warf** – werfen
warm, wärmer
die **Wärme** – wärmen → 19
wärmen, du wärmst → 19
warnen, du warnst
warten, du wartest
der **Wärter** – warten → 19
warum
die **Warze,** die Warzen
was
die **Wäsche** – waschen → 19
(sich) **waschen,** du wäschst (dich), er wusch (sich)
das **Wasser** → 8
waten, du watest

* Unterscheide: wa**h**r – war. *

die **Watsche,** die Watschen
watscheln, du watschelst
die **Watte** → 9

we

das **Wechselgeld** – wechseln
wechseln, du wechselst
wecken, du weckst → 1
der **Wecker** – wecken → 1
wedeln, du wedelst
weder
der **Weg,** die Wege → 24
weg
wegen
der **Wegweiser,** die Wegweiser
weh, es tut weh
wehen, es weht
sich **wehren,** du wehrst dich → 13
das **Weib,** die Weiber → 22
weiblich
weich
die **Weiche** – weichen
die **Weide** – weiden
sich **weigern,** du weigerst dich
weihen, er weiht
der **Weiher,** die Weiher (Teich)
Weihnachten
weihnachtlich
weil
eine **Weile**
der **Wein,** die Weine
weinen, du weinst
weismachen,
du machst ihm weis
weiß (die weiße Farbe)
er **weiß** – wissen
weit
weiter ★
weitsichtig
der **Weizen**
welcher, welche, welches
welk
welken, sie verwelkt
die **Welle,** die Wellen → 3
der **Wellensittich,**
die Wellensittiche → 3, 9
wellig → 3
die **Welt**
das **Weltall** → 3
wem
wen
die **Wendeltreppe** → 6
wenden, du wendest
wendig
wenig
wenigstens
wenn → 5
wer
die **Werbung** – werben
werden, du wirst, er wurde
werfen, du wirfst, er warf
die **Werft,** die Werften
das **Werk,** die Werke

★ Nicht alle Wörter mit **weiter-** stehen hier. Schlage getrennt nach. ★

die **Werkstatt,** die Werkstätten → 9
der **Werktag,** die Werktage → 24
werktags
das **Werkzeug,** die Werkzeuge → 21, 24
wert
der **Wert,** die Werte
wertvoll → 3
das **Wesen,** die Wesen
wesentlich
weshalb
die **Wespe,** die Wespen
wessen → 8
die **Weste,** die Westen
der **Westen**
der **Western,** die Western
westlich
die **Wette** – wetten → 9
wetten, du wettest → 9
das **Wetter** → 9
der **Wettkampf,** die Wettkämpfe → 9
wetzen, du wetzt → 10

wi

der **Wicht,** die Wichte
wichtig
der **Wickel** – wickeln → 1
wickeln, du wickelst → 1
wider (gegen) *
widerlich
widersprechen, du widersprichst, er widersprach
der **Widerstand,** die Widerstände → 23
widerwillig → 3
die **Widmung** – widmen
wie, wie viel → 11
wieder (nochmals) → 11 *
wiederholen, du wiederholst
die **Wiederholung** → 11
auf **Wiedersehen** → 11
die **Wiege** – wiegen → 11
wiegen, du wiegst, er wog → 11
wiehern, es wiehert → 11
die **Wiese,** die Wiesen → 11
wieso → 11
wie viel → 11
das **Wild**
wild → 23
die **Wildnis**
der **Wille** – wollen → 3
willig → 3
willkommen → 3, 4
du **willst** – wollen → 3
wimmeln, es wimmelt → 4
wimmern, du wimmerst → 4
der **Wimpel,** die Wimpel
die **Wimper,** die Wimpern
der **Wind,** die Winde → 23

* Nicht alle Wörter mit **wider-, wieder-** stehen hier. Schlage getrennt nach. *

die **Windel,** die Windeln
sich **winden,** du windest dich, er wand sich
windig
der **Winkel,** die Winkel ★
wink[e]lig ★
winken, du winkst ★
winseln, du winselst
der **Winter**
winterlich
der **Winzer,** die Winzer
die **Winzerin,** die Winzerinnen
winzig
die **Wippe** – wippen → 6
wippen, du wippst → 6
wir
der **Wirbel,** die Wirbel
wirbeln, du wirbelst
die **Wirbelsäule,** die Wirbelsäulen
es **wird** (es wird schön) – werden
du **wirfst** – werfen
wirken, du wirkst ★
wirklich ★
die **Wirklichkeit** ★
wirksam ★
die **Wirkung** ★
wirr (er spricht wirr)
der **Wirsing**
du **wirst** – werden
der **Wirt,** die Wirte (der Gastwirt)
die **Wirtin,** die Wirtinnen
die **Wirtschaft** – wirtschaften
das **Wirtshaus,** die Wirtshäuser
wischen, du wischst
wissen, du weißt, er wusste → 8
wittern, es wittert → 9
die **Witwe,** die Witwen
der **Witwer,** die Witwer
der **Witz,** die Witze → 10
der **Witzbold,** die Witzbolde → 10, 23
witzig → 10

wo

wo
die **Woche,** die Wochen
wochenlang
wöchentlich
wodurch
wofür
er **wog** – wiegen
die **Woge,** die Wogen
woher
wohin
wohl → 13
wohnen, du wohnst → 13
wohnlich → 13
die **Wohnung,** die Wohnungen → 13
der **Wolf,** die Wölfe
die **Wolke,** die Wolken ★
die **Wolle** → 3

W

★ Nach einem Mitlaut steht nur **k**, nie **ck**. ★

wollen, du willst → 3
die **Wonne** → 5
das **Wort,** die Wörter
wörtlich
worüber
wozu

wr

das **Wrack,** die Wracks → 1

wu

er **wuchs** – wachsen
die **Wucht**
wuchtig
wühlen, du wühlst → 13
wund → 23
die **Wunde,** die Wunden
das **Wunder,** die Wunder
wunderbar
sich **wundern,**
du wunderst dich
der **Wunsch,** die Wünsche
wünschen, du wünschst
er **wurde** – werden
der **Wurf,** die Würfe
der **Würfel** – würfeln
würfeln, du würfelst
würgen, du würgst
der **Wurm,** die Würmer
wurmstichig
die **Wurst,** die Würste
die **Wurzel,** die Wurzeln ✱
würzen, du würzt ✱
würzig ✱
er **wusch** – waschen
er **wusste** – wissen → 8
wüst
die **Wüste,** die Wüsten
die **Wut**
wüten, du wütest
wütend → 23

X

x

die **X-Beine**
x-mal
das **Xylophon** [Xylofon]

Y

y

der [das] **Yoga [Joga]**
das **Ypsilon,** die Ypsilons
der **Ytong** (Stein)

✱ Nach einem Mitlaut steht nur **z**, nie **tz**. ✱

W
X
Y

Z

za

die **Zacke,** die Zacken → 1
zaghaft
zäh
die **Zahl** – zählen → 13 ★
zahlen, du zahlst → 13 ★
zählen, du zählst → 19, 13 ★
die **Zahlung** – zahlen → 13 ★
zahm → 13 ★
zähmen, du zähmst → 19, 13 ★
der **Zahn,** die Zähne → 13 ★
die **Zahnpasta,** die Zahnpasten → 13 ★
die **Zange,** die Zangen
der **Zank** – sich zanken
sich **zanken,** du zankst dich
das **Zäpfchen** → 19
der **Zapfen,** die Zapfen
zapp[e]lig → 6
zappeln, du zappelst → 6
zart
zärtlich → 19
die **Zärtlichkeit** → 19
der **Zauberer,** die Zauberer
zaubern, du zauberst
der **Zaum,** das Zaumzeug
der **Zaun,** die Zäune

ze

das **Zebra,** die Zebras
der **Zebrastreifen**
die **Zeche,** die Zechen
die **Zecke,** die Zecken → 1
die **Zehe** [der **Zeh**], die Zehen
zehn → 13 ★
zehren, du zehrst → 13 ★
das **Zeichen,** die Zeichen
zeichnen, du zeichnest
die **Zeichnung** – zeichnen
zeigen, du zeigst
der **Zeiger** – zeigen
die **Zeile,** die Zeilen
die **Zeit,** die Zeiten
zeitig
die **Zeitschrift,** die Zeitschriften
die **Zeitung,** die Zeitungen
der **Zeitvertreib**
zeitweise
die **Zelle,** die Zellen → 3
das **Zellophan** [Cellophan]
das **Zelt,** die Zelte
zelten, du zeltest
der **Zement**
zementieren, es ist zementiert → 14
zensieren, du zensierst → 14
die **Zensur,** die Zensuren
der **Zentimeter,** die Zentimeter
der **Zentner,** die Zentner

★ Sprich den Selbstlaut vor **-h** lang. ★

zentral
die **Zentrale,** die Zentralen
das **Zentrum,** die Zentren
der **Zeppelin,** die Zeppeline
er **zerbrach** – zerbrechen
zerbrechen, du zerbrichst, er zerbrach
zerbrochen – zerbrechen
zerfetzt → 10
zerkleinern, du zerkleinerst
zerknüllen, du zerknüllst das Papier → 3
zerquetschen, du zerquetschst
zerreißen, du zerreißt, er zerriss ★
zerren, du zerrst → 7
er **zerriss** – zerreißen ★
zerrissen – zerreißen → 18 ★
die **Zerrung** – zerren → 7
zerschmettern, du zerschmetterst → 9
zersplittern, es zersplittert → 9
zerstören, du zerstörst
zerstreut – zerstreuen → 21
zertrümmern, du zertrümmerst → 4
zerzaust – zerzausen
der **Zettel,** die Zettel → 9
das **Zeug** → 21
der **Zeuge,** die Zeugen → 21
die **Zeugin,** die Zeuginnen → 21
das **Zeugnis,** die Zeugnisse → 21

zi

im **Zickzack** fahren → 1
die **Ziege,** die Ziegen → 11
der **Ziegel,** die Ziegel → 11
ziehen, du ziehst, er zog → 12
das **Ziel,** die Ziele → 11
zielen, du zielst → 11
ziemlich → 11
sich **zieren,** du zierst dich → 11
der **Ziergarten,** die Ziergärten → 11
die **Zierleiste,** die Zierleisten → 11
die **Zigarette,** die Zigaretten → 7, 9
zierlich → 11
die **Ziffer,** die Ziffern → 2
die **Zigarre,** die Zigarren → 7
der **Zigeuner,** die Zigeuner → 21
die **Zigeunerin** → 21
das **Zimmer,** die Zimmer → 4
zimperlich
der **Zimt**
das **Zinn** → 5
der **Zins,** die Zinsen
der **Zipfel,** die Zipfel
zirka [circa]
der **Zirkel,** die Zirkel
der **Zirkus,** die Zirkusse

★ **rr** entsteht durch Zusammensetzen mit **zer-**. ★

zirpen, es zirpt
zischen, du zischst
die **Zither,** die Zithern
die **Zitrone,** die Zitronen
zittern, du zitterst → 9
zitt[e]rig → 9

zo

er **zog** – ziehen
zögern, du zögerst
der **Zoll,** die Zölle → 3
der **Zöllner,** die Zöllner → 3
der **Zoo,** die Zoos → 17
der **Zopf,** die Zöpfe
der **Zorn**
zornig

zu

zu, zu Ende, zu viel
zuallererst, zuallerletzt
das **Zubehör**
die **Zubereitung** – zubereiten
die **Zucht** – züchten
züchten, du züchtest
zucken, du zuckst → 1
der **Zucker** – zuckern → 1
zueinander
zuerst
der **Zufall,** die Zufälle → 3
zufällig → 19, 3
zufrieden → 11
die **Zufriedenheit** → 11
der **Zug,** die Züge → 24
zugeben, du gibst zu, er gab zu
der **Zügel** – zügeln
zügig
zugleich
zu Hause
zuhören, du hörst zu
der **Zuhörer,** die Zuhörer
die **Zuhörerin,** die Zuhörerinnen
die **Zukunft**
zukünftig
zuletzt → 10
zuliebe → 11
zum
zumindest
zumuten, du mutest zu
zunächst
das **Zündholz,** die Zündhölzer
zünftig
die **Zunge** – züngeln
züngeln, sie züngelt
zupfen, du zupfst
zur
sich **zurechtfinden,** du findest dich zurecht, er fand sich zurecht
zurück → 1
zusammen → 4 ✶
der **Zusammenprall** – zusammenprallen → 4, 3
zusätzlich → 19, 10

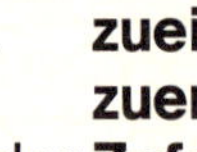

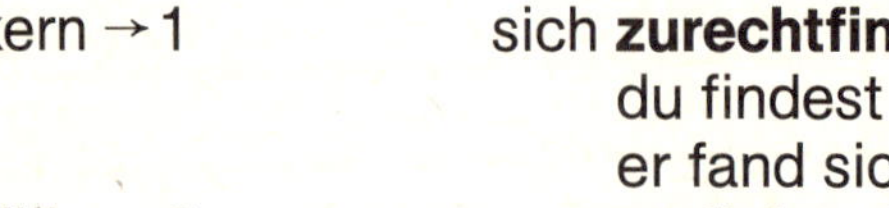

✶ Denke an Zusammensetzungen. Schlage getrennt nach. ✶

der **Zuschauer** – zuschauen
die **Zuschauerin**
zusehends
der **Zustand,**
die Zustände → 23
zuständig
die **Zutat,** die Zutaten
sich **zutrauen,** du traust dir zu
zutraulich
zuverlässig → 8
zu viel → 11
zuvor
zu wenig
zuwider

zw

er **zwang** mich – zwingen
zwängen,
du zwängst dich durch → 19
zwanzig
zwar
der **Zweck** → 1
zweckmäßig → 1, 18
zwei
zweierlei
der **Zweifel** – zweifeln
zweifelhaft
zweifellos
zweifeln, du zweifelst
der **Zweig,** die Zweige → 24
zweimal
zweitens
der **Zwerg,** die Zwerge → 24
die **Zwetschge [Zwetsche]**
zwicken, du zwickst → 1
der **Zwieback** → 11, 1
die **Zwiebel,** die Zwiebeln → 11
der **Zwilling,** die Zwillinge → 3
zwingen, du zwingst,
er zwang
der **Zwinger,** die Zwinger
zwinkern, du zwinkerst
der **Zwirn,** die Zwirne
zwischen
zwischendurch
zwitschern, er zwitschert
zwölf

zy

der **Zylinder,** die Zylinder ✱

✱ **y** wird fast wie **i** gesprochen. ✱

So kannst du dir Wörter gut einprägen

1 Suche das Wort im Wörterbuch. Präge es dir ein und schreibe es auf.

2 Vergleiche dein Wort mit dem im Wörterbuch. Spure die schwierige Stelle farbig nach.

3 Decke das Wort ab und schreibe es daneben. Vergleiche. Schreibe das Wort mehrmals.

4 Baue das Wort ab und auf:

Strumpf	*Str*
Strum	*Stru*
Stru	*Strum*
Str	*Strumpf*

5 Schreibe das Wort in Großbuchstaben. Stelle fest, ob du darin noch andere Wörter findest.

MEISTER

das Ei, das Eis, ist, er, meist, ...

6 Schreibe Lückenwörter. Lasse jedesmal einen anderen Buchstaben aus:

abends a.ends ab.nds

7 Lies das Wort und sprich es deutlich aus.

8 Überlege, welche Laute du besonders deutlich sprechen musst. Unterstreiche sie.

9 Sprich das Wort in Silben. Schreibe es mit Trennungsstrichen auf:

weg-flie-gen

10 Suche Wörter, die sich auf dein Wort reimen. Schreibe sie auf:

Holz – Stolz, stolz

11 Suche verwandte Wörter:

Holz, abholzen, hölzern

12 Ist dein Wort ein Namenwort?

Schreibe den Begleiter davor:

das Holz

Bilde die Mehrzahl oder Einzahl:

das Holz – die Hölzer

Bilde Zusammensetzungen:

das Streichholz,
der Holzstoß

Vielleicht gibt es eine Verkleinerungsform? Schreibe sie auf:

das Holz – das Hölzchen

13 Ist dein Wort ein Tunwort (Zeitwort)?

Schreibe es in der Grundform, Ich-Form, Du-Form, Er-Form, ... auf:

ich lese, du liest, er liest

Schreibe es in den verschiedenen Zeiten auf:

ich lese,
ich las,
ich habe gelesen

Kannst du das Wort mit anderen Wörtern zusammensetzen? Schreibe die zusammengesetzten Wörter auf:

auflesen, vorlesen
auslesen

14 Ist dein Wort ein Eigenschaftswort?

Schreibe es mit einem passenden Namenwort auf:

der schöne Tag →
Der Tag ist schön.

Bilde mit dem Eigenschaftswort zusammengesetzte Wörter:

wunderschön,
die Schönheit

So kannst du mit deinem Partner üben

1 Stelle deinem Partner Rätsel.
Wähle Rätsel aus, die dir gefallen.

Lückenwörter: *We . . er*

Wörterschlangen mit kleingeschriebenen Wörtern:

gehenlesenrufensagenlachen

Geheimschriften:

Vater ⊔⊓ *V 1 r* ||||

Silben umstellen:

gensin ertenra nedaben

Purzelwörter: *nengis*

2 Diktiere deinem Partner die geübten Wörter.

3 Lass dir von deinem Partner Wörter vorsprechen.
Wähle Übungen aus.

Welchen Laut hörst du am Anfang des Wortes?
Welchen Laut hörst du am Ende des Wortes?
Welche Selbstlaute hörst du im Wort?
Welchen Laut hörst du an 2. Stelle, 3. Stelle, … des Wortes?

4 Dein Partner spricht dir ein Wort ohne Stimme vor. Versuche es von den Lippen abzulesen. Schreibe es auf.

5 Versucht gemeinsam aus einem Wort möglichst viele sinnvolle Wörter zu bilden. Es darf sich jedesmal nur ein Buchstabe ändern.

Kind
Rind
Ring
ging
hing, …

Wörter mit rechtschriftlichen Besonderheiten

1 Dein Wort enthält **ck**. Schreibe das ganze Wort auf. Fahre **ck** gelb nach.

2 Sprich das Wort deutlich. Achte auf den kurz gesprochenen Selbstlaut.

3 Setze unter den kurz gesprochenen Selbstlaut vor dem **ck** einen roten Punkt.

4 Übe das Wort. Wähle Übungen auf den Seiten 160-161 aus.

5 Lies die Wortliste deines Schuljahres. Achte auf den kurz gesprochenen Selbstlaut vor dem **ck**.

2. Schuljahr

das Glück	trocken
der Rücken	

3. Schuljahr

der Acker	drücken
aufwecken	ersticken
backen	flicken
blicken	die Glocke
der Block	stecken
die Brücke	das Stück
die Decke	der Zucker
dick	zurück
dreckig	

4. Schuljahr

bücken	rücken
die Ecke	der Sack
die Jacke	schicken
knicken	schlucken
locker	schmecken
die Lücke	schmücken
nackt	stricken
packen	der Zweck
der Rock	

6 Wähle aus den Wörtern deines Schuljahres einige aus. Schreibe sie auf. Kennzeichne **ck** gelb. Setze unter den kurz gesprochenen Selbstlaut vor dem **ck** einen roten Punkt.

ck wird nicht getrennt.

7 Trenne alle zweisilbigen Wörter der Wörterliste. Schreibe sie so:

backen, ba-cken

8 Welche Wörter reimen sich? Schreibe die Reimpaare auf. Fünf Wörter bleiben übrig.

stecken   backen   fliegen

der Rücken   knicken   der Block

der Haken   legen   der Rock

schmecken   schmücken   lügen

flicken   packen   er flog

→ 2–9

Übungen für Wörter mit doppeltem Mitlaut

1 Dein Wort enthält einen doppelten Mitlaut. Schreibe das ganze Wort auf. Fahre den doppelten Mitlaut gelb nach.

2 Setze unter den kurz gesprochenen Selbstlaut einen roten Punkt. Lies das Wort. Sprich den Selbstlaut vor dem doppelten Mitlaut kurz.

3 Wähle aus folgenden Übungen aus:

Wortliste deines Schuljahres abschreiben, den doppelten Mitlaut gelb nachfahren

Wortliste deines Schuljahres nach dem ABC ordnen, den doppelten Mitlaut gelb nachfahren

Wörter in Druckschrift auf kariertes Papier schreiben

Beispiel Wörterturm:

Pfi ff
Karto ff el
o ff en

Beispiel Wörtertreppe:

ho ff entlich
Pfi ff
o ff en

4 Lies die aufgeschriebenen Wörter. Setze unter den kurz gesprochenen Selbstlaut vor dem doppelten Mitlaut einen roten Punkt.

5 Lege eine Tabelle nach folgendem Muster an. Ordne die Wörter der Wörterliste richtig ein.

ạ/ạ̈	ẹ	ị	ọ/ọ̈	ụ/ụ̈

6 Trenne alle zweisilbigen Wörter der Wörterliste.

Schreibe so: *hoffen, hof-fen*

> Einsilbige Wörter kann man nicht trennen.
> Oft kann man sie aber verlängern und dann trennen.

7 Versuche die einsilbigen Wörter deiner Wortliste zu verlängern. Trenne sie dann.

Schreibe so: *der Kamm,*
die Kämme,
die Käm-me

8 Löse jetzt die weiteren Aufgaben unter deiner Wortliste.

1 Dein Wort enthält **ff** .
Übe zuerst wie auf Seite 164 vorgeschlagen. Die Wortliste für diese Übungen findest du hier.

2. Schuljahr

hoffen	der Stoff
offen	treffen

3. Schuljahr

der Affe	der Löffel
der Griff	der Pfeffer
der Kaffee	die Ziffer

4. Schuljahr

hoffentlich	schaffen
die Kartoffel	das Schiff
der Koffer	

2 Hier kommen Wortteile in die Wortmühle. Schreibe die Wörter auf.

3 Suche passende Wörter aus der Wörterliste. Schreibe die vollständigen Sätze auf.

Die Mutter schält .

Die Tür steht .

Die Kinder sich auf dem Spielplatz.

regnet es am Wandertag nicht.

Mit kann man würzen.

Auf dem Fluß fahren .

Im Zoo kann man sehen.

Wir packen unsere .

Der ist schön bunt.

Messer, Gabeln und liegen schon auf dem Tisch.

1 Dein Wort enthält **ll** .
Übe zuerst wie auf Seite 164 vorgeschlagen. Die Wortliste für diese Übungen findest du hier.

2. Schuljahr

alle	schnell
der Ball	sollen
fallen	stellen
der Müll	still
rollen	wollen

3. Schuljahr

billig	voll

4. Schuljahr

bellen	die Quelle
die Brille	der Teller
füllen	überall
der Keller	
knallen	

2 Suche passende Wörter aus der Wortliste. Schreibe die vollständigen Sätze auf.

Zum Lesen braucht Vater

eine .

Jeder Bach hat eine .

Der Hund .

Hans holt im Kartoffeln.

Der Ball auf die Straße.

Mutter die auf

den Tisch.

Vater einen Antrag aus.

Im Frühling blühen die

Bäume und Blumen.

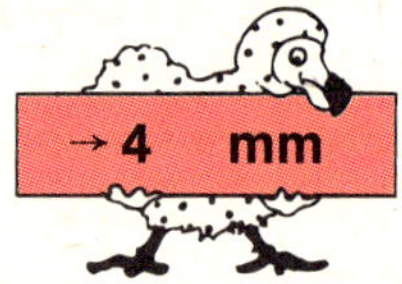

1 Dein Wort enthält **mm** .
Übe zuerst wie auf Seite 164 vorgeschlagen. Die Wortliste für diese Übungen findest du hier.

2. Schuljahr

der Himmel	das Zimmer
kommen	

3. Schuljahr

dumm	der Sommer
immer	der Stamm
die Nummer	stimmen
schwimmen	sammeln

4. Schuljahr

brummen	schlimm
der Gummi	zusammen
der Kamm	

2 Löse diese Rätsel.
Schreibe die Wörter auf.

i … er	bru … en
er schwi … t	der Ka …
der Sta …	schli …
der So … er	sa … eln
der Gu … i	zusa … en
sti … en	das Zi … er
der Hi … el	du …
ko … en	die Nu … er

3 Ordne die Wörter der Wortliste nach Namenwörtern, Zahlwörtern und Eigenschaftswörtern.

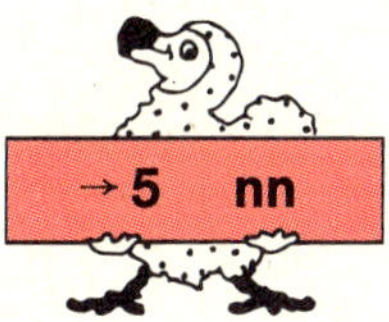

1 Dein Wort enthält **nn** .
Übe zuerst wie auf Seite 164 vorgeschlagen. Die Wortliste für diese Übungen findest du hier.

2. Schuljahr

brennen	können
dann	nennen
innen	die Sonne
kann	trennen
kennen	

3. Schuljahr

beginnen	der Pfennig
gewinnen	die Spannung
der Mann	wenn
nennen	

4. Schuljahr

donnern	die Kanne
erinnern	

2 Welche Wörter aus der Wörterliste passen hier?

1)			n	n				
2)			n	n				
3)			n	n				
4)				n	n			
5)					n	n		

Schreibe so auf: *1) dann, …*
2) Sonne, …

3 Ergänze und schreibe die vollständigen Sätze auf.

Nach dem Blitz … es.

Das Kind … über die Straße.

Morgen … der Unterricht erst um 8.45 Uhr.

In der … ist noch etwas Tee.

Peter hat einen Preis  .

 es regnet,  wir keine Wanderung machen.

1 Dein Wort enthält **pp** .
Übe zuerst wie auf Seite 164 vorgeschlagen. Die Wortliste für diese Übungen findest du hier.

2. Schuljahr
   die Puppe — die Suppe

3. Schuljahr
   die Lippe — die Treppe
   die Mappe — zappeln
   schleppen

4. Schuljahr
   doppelt — der Teppich
   die Gruppe — trippeln
   klappern

2 Versuche die Geheimschrift zu entziffern.

1)  2)  3) 

4)  5)  6) 

7)  8)  9) 

klappern Treppe doppelt
Teppich Gruppe trippeln
zappeln Puppe schleppen

Schreibe die Lösungen so auf:

1) Treppe 2) ...

1 Dein Wort enthält **rr** .
Übe zuerst wie auf Seite 164 vorgeschlagen. Die Wortliste für diese Übungen findest du hier.

2. Schuljahr
   der Herr — irren

3. Schuljahr
   dürr — verirren
   das Geschirr — zerren
   herrlich

4. Schuljahr
   klirren — starr
   knarren — verwirren
   knurren

2 Schreibe diese Purzelwörter richtig auf.

arr**st**	rrli**h**ech	rr**k**nena
urrne**k**n	err**z**ne	**k**lrrine
ürr**d**	rr**i**ne	iwr**v**errne

1 Dein Wort enthält **ss** .
Übe zuerst wie auf Seite 164 vorgeschlagen. Die Wortliste für diese Übungen findest du hier.

2. Schuljahr

essen	das Messer
fassen	müssen
die Kasse	passen
die Klasse	das Wasser
lassen	wissen
messen	

3. Schuljahr

bissig	das Kissen
der Fluss	das Schloss
flüssig	vergessen
fressen	

4. Schuljahr

besser	der Riss
das Fass	der Rüssel
die Gasse	der Schlüssel
geschossen	der Schuss
küssen	der Sessel
die Nuss	die Tasse

2 Suche die Namen der Dinge im Wörterverzeichnis. Schreibe sie in Einzahl und Mehrzahl auf:

der Sessel – die Sessel

3 Suche passende Wörter aus der Wortliste. Schreibe vollständige Sätze auf.

Mit dem ___ kann man schneiden.

Ich ___ ein Brot.

Ich knacke eine ___ .

Ich trinke eine ___ Milch.

Der Elefant hat einen ___ .

Vorsicht ___ Hund!

Der König wohnt in einem ___ .

In der ___ ist viel Geld.

Ich habe meinen ___ verloren.

Peter hat ein Tor ___ .

Das möchte ich ganz genau ___ .

4 Finde zu jedem Zeitwort die Grundform.

er lässt, er isst, er vergisst, es passt, er misst, du musst, er fasst, er küsst

Schreibe so auf:

er lässt, lassen, las-sen

1 Dein Wort enthält **tt** .
Übe zuerst wie auf Seite 164 vorgeschlagen. Die Wortliste für diese Übungen findest du hier.

2. Schuljahr

das Blatt	die Mitte
bitten	die Mutter

3. Schuljahr

das Bett	nett
die Butter	retten
fett	der Schlitten
füttern	schütteln
das Futter	spotten
das Gewitter	wetten
hatte	der Zettel
die Kette	zittern

4. Schuljahr

bitter	satt
das Brett	der Schatten
glatt	schütteln
die Hütte	stottern
klettern	das Wetter
der Mittag	

2 Welche Wörter aus der Wortliste passen?

1)						t	t			
2)						t	t			
3)						t	t			
4)						t	t			
5)						t	t			
6)						t	t			
7)						t	t			
8)						t	t			
9)						t	t			
10)						t	t			

Schreibe so: *1) Bett, fett, ...*
2) Blatt, ...

1 Dein Wort enthält **tz** .
Schreibe das ganze Wort auf.
Fahre **tz** gelb nach.

2 Sprich das Wort deutlich. Achte auf den kurz gesprochenen Selbstlaut.

3 Setze unter den kurz gesprochenen Selbstlaut vor dem **tz** einen roten Punkt.

4 Übe das Wort. Wähle Übungen auf den Seiten 160-161 aus.

5 Lies die Wortliste deines Schuljahres. Achte auf den kurz gesprochenen Selbstlaut vor dem **tz** .

2. Schuljahr

die Katze	sitzen
der Platz	

3. Schuljahr

die Pfütze	setzen
putzen	die Spitze
der Schmutz	verletzen
schützen	

4. Schuljahr

der Blitz	nützen
das Gesetz	plötzlich
hetzen	der Satz
die Hitze	schwitzen
jetzt	spritzen
kratzen	stützen
der Metzger	trotzdem
die Mütze	zuletzt
das Netz	

6 Wähle aus der Wortliste deines Schuljahres einige Wörter aus. Schreibe sie auf. Kennzeichne **tz** gelb.

7 Lies deine Wörter. Setze unter den kurz gesprochenen Selbstlaut vor dem **tz** einen roten Punkt.

> Viele Wörter mit **tz** werden so getrennt: Ka**t-z**e

8 Trenne alle zweisilbigen Wörter der Wortliste.

Schreibe so:

die Katze, die Kat-ze

> Vorsicht bei den Wörtern:
> Metzger, plötzlich, trotzdem

1 Dein Wort enthält **ie** .
Schreibe das ganze Wort auf.
Fahre **ie** gelb nach.

2 Sprich das Wort deutlich.
Unterstreiche das lang gesprochene **i** grün.

3 Übe das Wort. Wähle Übungen auf den Seiten 160-161 aus.

4 Lies die Wortliste deines Schuljahres. Achte auf das lang gesprochene **i** .

2. Schuljahr

der Brief	siegen
die	spielen
dienen	tief
fliegen	das Tier
hier	verlieren
lieben	viel
sie liefern	vier
nie	wie
das Papier	die Wiese
sieben	ziehen

3. Schuljahr

biegen	schließen
der Dieb	er schwieg
dies	schwierig
der Frieden	er stieß
der Krieg	verbieten
liegen	wieder
schieben	das Ziel

4. Schuljahr

das Beispiel	niemals
fließen	niemand
frieren	riechen
gießen	schief
kriechen	schießen
das Lied	der Spiegel
marschieren	der Stiel
die Miete	vielleicht
nieder	wiegen

5 Wähle aus der Wortliste deines Schuljahres einige Wörter aus. Schreibe sie auf. Fahre **ie** gelb nach.

6 Lies deine Wörter. Unterstreiche das lang gesprochene **i** grün.

7 Setze folgende Zeitwörter in die Vergangenheitsform.

fallen, raten, rufen, scheinen, schlafen, schreiben, schreien, steigen, treiben, schweigen, stoßen

Schreibe so:

fallen – er fiel

8 Welche Wörter mit **ie** passen in die Lücken? Schreibe die vollständigen Sätze auf.

Ich schreibe einen .

Auf der blühen Blumen.

Die Kinder Fußball.

Die Polizei nimmt den fest.

Mutter die Blumen.

Im kann ich mich sehen.

Der Jäger einen Hasen.

Mit der Waage kann man .

Der Vogel auf den Baum.

bitte die Fenster.

1 Dein Wort enthält **ie h**. Schreibe das ganze Wort auf. Fahre **ieh** gelb nach.

2 Übe das Wort. Wähle Übungen auf den Seiten 160-161 aus.

3 Schreibe die Wortliste deines Schuljahres ab. Fahre **ieh** gelb nach.

3. Schuljahr

ausgeliehen	er sieht
er flieht	er stiehlt
geliehen	er zieht

4. Schuljahr

er befiehlt	er erzieht
er empfiehlt	es geschieht
der Erzieher	es wiehert

4 Suche zu den Zeitwörtern der Wortliste die Grundform.

Schreibe so:

ausgeliehen – ausleihen
geschieht –

1 Dein Wort enthält **h**. Schreibe das ganze Wort auf. Fahre **h** gelb nach.

2 Sprich das Wort deutlich. Unterstreiche den lang gesprochenen Selbstlaut vor dem **h** grün.

3 Übe das Wort. Wähle Übungen auf den Seiten 160-161 aus.

4 Lies die Wortliste deines Schuljahres. Achte auf den lang gesprochenen Selbstlaut vor dem **h** .

2. Schuljahr

das Jahr	die Uhr
nehmen	die Wohnung
das Ohr	zahlen
sehr	zehn

3. Schuljahr

der Draht	stehlen
fahren	der Stuhl
fröhlich	wählen
führen	wahr
die Kohle	während
der Lehrer	die Zahl
ohne	

4. Schuljahr

ähnlich	kühl
bohren	mahlen
der Fehler	das Mehl
der Frühling	die Nahrung
fühlen	rühren
die Gefahr	umkehren
die Höhle	ungefähr
der Kahn	der Verkehr

5 Wähle aus der Wortliste deines Schuljahres einige Wörter aus. Schreibe sie auf. Fahre **h** gelb nach.

6 Lies deine Wörter. Unterstreiche den lang gesprochenen Selbstlaut vor dem **h** grün.

1 Dein Wort endet in der Grundform auf **ieren** .
Schreibe das ganze Wort auf.
Fahre **ieren** gelb nach.

2 Übe das Wort. Wähle Übungen auf den Seiten 160-161 aus.

3 Lies die Wortliste deines Schuljahres. Achte auf das lang gesprochene **i** .

3. Schuljahr

frisieren	musizieren
halbieren	notieren
maskieren	sortieren

4. Schuljahr

betonieren	marschieren
buchstabieren	operieren
diktieren	probieren
fotografieren	spazieren gehen

4 Schreibe die Wörter deiner Wortliste so auf:

ich frisiere, du frisierst, er frisiert

5 Ergänze die Wörter und schreibe die vollständigen Sätze auf.

Der alte Mann geht spaz .

Du telefon aber schon lange.

In der Post werden die Briefe sort .

Gestern ist mir etwas pass .

Im Fasching mask ich mich.

Vater fotograf mich.

Ich not mir die Telefonnummer.

1 Dein Wort enthält **aa** . Schreibe das ganze Wort auf. Fahre **aa** gelb nach.

2 Übe das Wort. Wähle Übungen auf den Seiten 160-161 aus.

3 Lies folgende Wörterliste. Sprich **aa** lang.

das Paar	das Haar	die Waage
der Saal	haarig	der Staat

4 Schreibe die Wortliste ab. Fahre **aa** gelb nach.

5 Ergänze und schreibe die vollständigen Sätze auf.

Ich kämme meine .

Die zeigt das Gewicht an.

Mutter kauft sich ein Schuhe.

Im sitzen viele Leute.

1 Dein Wort enthält **ee** . Schreibe das ganze Wort auf. Fahre **ee** gelb nach.

2 Übe das Wort. Wähle Übungen auf den Seiten 160-161 aus.

3 Suche in den Wörterschlangen alle Wörter mit **ee** . Schreibe sie auf. Fahre **ee** gelb nach.

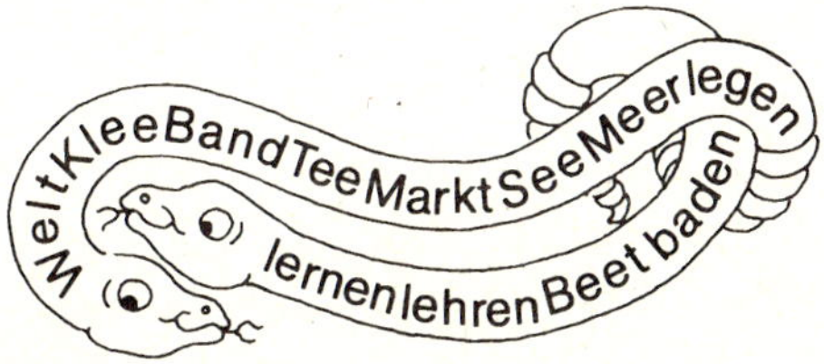

4 Lies die gefundenen Wörter. Sprich **ee** lang.

5 Setze folgende Wörter mit anderen Wörtern zusammen.

der See, die Beere, der Tee, der Klee, das Beet, der Schnee

Schreibe so:

der See – der Badesee,
das Seeufer, ...

6 Löse diese Rätsel. Schreibe die Wörter auf.

Kl	B t	Gel	Schn
B re	T r	M r	T

1 Dein Wort enthält **oo** .
Schreibe das ganze Wort auf.
Fahre **oo** gelb nach.

2 Übe das Wort. Wähle Übungen auf den Seiten 160-161 aus.

3 Auf den Schildern findest du die häufigsten Wörter mit **oo** . Schreibe sie auf. Fahre **oo** gelb nach.

4 Lies die gefundenen Wörter.
Sprich **oo** lang.

1 Dein Wort enthält **ß** .
Schreibe das ganze Wort auf.
Fahre **ß** gelb nach.

2 Sprich das Wort deutlich. Unterstreiche den lang gesprochenen Laut vor dem **ß** grün.

3 Schreibe die Wörterliste deines Schuljahres ab. Fahre **ß** gelb nach.

3. Schuljahr

außen	heiß
beißen	das Maß
der Fleiß	reißen
der Fuß	schließen
groß	der Spaß
grüßen	der Stoß
der Gruß	stoßen

4. Schuljahr

bloß
draußen
fließen
gießen
heißen
schießen
der Strauß
die Straße
süß

4 Lies deine Wörter. Unterstreiche den lang gesprochenen Laut vor dem **ß** grün.

5 Setze die Namenwörter der Wortliste in die Mehrzahl.

Schreibe so:

der Fuß – die Füße

6 Schreibe die Zeitwörter der Wortliste so:

grüßen, du grüßt

1 Dein Wort enthält **ä** .
Schreibe das ganze Wort auf.
Fahre **ä** gelb nach.

Zu den Wörtern mit **ä** findet man oft verwandte Wörter mit **a** .

2 Suche zu den folgenden Wörtern verwandte Wörter mit **a** .

die Äpfel, das Bändel, die Gräser, die Blätter, die Väter, die Wälder, die Äcker, die Gärten, die Hälse, die Späße, die Ärzte, die Kräne, die Pässe, die Städte, der Stängel

Schreibe die Wortpaare so auf:

die Äpfel – der Apfel

1 Dein Wort enthält **äu** .
Schreibe das ganze Wort auf.
Fahre **äu** gelb nach.

Zu den Wörtern mit **äu** gibt es oft verwandte Wörter mit **au** .

2 Suche zu folgenden Wörtern verwandte Wörter mit **au** .

die Bäume, die Sträuße, die Räume, die Bäuche, die Träume, die Zäune

Schreibe die Wortpaare so auf:

die Bäume – der Baum

3 Welche Wörter sind miteinander verwandt?

kaufen, laufen, die Frau, säubern, der Schaum, bauen, schäumen, das Gebäude, der Verkäufer, der Läufer, sauber, das Fräulein

Schreibe die Wortpaare so auf:

kaufen – der Verkäufer

1 Dein Wort enthält **eu** .
Schreibe das ganze Wort auf.
Fahre **eu** gelb nach.

2 Übe das Wort. Wähle Übungen auf den Seiten 160 - 161 aus.

3 Schreibe die Wortliste deines Schuljahres ab. Fahre **eu** gelb nach.

2. Schuljahr

das Feuer	neu
freuen	neun
der Freund	treu
heute	

3. Schuljahr

feucht	leuchten
heulen	die Leute
keuchen	teuer
das Kreuz	das Zeugnis

4. Schuljahr

deutlich	die Freunde
deutsch	neulich

4 Welche Wörter sind miteinander verwandt?

der Freund, die Kreuzung, feucht, keuchen, leuchten, keuchend, neu, die Freude, der Leuchter, freundlich, das Kreuz, neunzig, die Feuchtigkeit, die Neuigkeit, sich freuen, neun

Schreibe die Wortpaare so auf:

der Freund – freundlich

1 Dein Wort hat am Ende **b** .
Schreibe das ganze Wort auf.
Fahre **b** gelb nach.

> **b** am Wortende klingt wie **p** .
> Verlängere das Wort, dann kannst du **b** deutlich hören.

2 Verlängere folgende Wörter.

der Dieb, der Stab, das Grab, der Korb, der Hieb, das Sieb, der Leib

Schreibe die Wortpaare so auf:

der Dieb – die Diebe

3 Lies die verlängerten Wörter.
Sprich das **b** deutlich.

> Einige Wörter kann man nur schwer verlängern.
> Präge sie dir ein:
> der Staub — der Raub
> das Laub — der Urlaub

1 Dein Wort hat am Ende **d** .
Schreibe das ganze Wort auf.
Fahre **d** gelb nach.

> **d** am Wortende klingt wie **t** .
> Verlängere das Wort, dann kannst du **d** deutlich hören.

2 Verlängere folgende Wörter.

das Kind, das Bild, der Hund, der Feind, das Feld, der Freund, die Hand, das Pferd, das Kleid, die Gegend, der Strand, das Lied, das Pfund

Schreibe die Wortpaare so auf:

das Kind – die Kinder

3 Lies die verlängerten Wörter.
Sprich das **d** deutlich.

> Einige Wörter werden nur selten verlängert. Präge sie dir ein:
> das Geld – die Jagd – der Mord – der Mond – der Mund

1 Dein Wort hat am Ende **g** .
Schreibe das ganze Wort auf.
Fahre **g** gelb nach.

> **g** am Wortende klingt wie **k** .
> Verlängere das Wort, dann kannst du **g** deutlich hören.

2 Verlängere folgende Wörter:

der Weg, der Zug, der Berg, der Tag, die Burg, der Schlag, der Sieg, der Krug

Schreibe die Wortpaare so:

der Weg – die Wege

3 Lies die verlängerten Wörter.
Sprich das **g** deutlich.

So kannst du Wörter trennen

Wörter werden nach Sprechsilben getrennt.

Va-ter	hi-naus
hal-ten	fin-den
win-ken	sin-gen
Knos-pe	lus-tig
Stra-ße	flei-ßig
vor-sich-tig	neu-gie-rig

Einzelne Selbstlaute und Doppellaute können am Wortanfang alleine stehen.

der A-bend	das U-fer
das Au-to	die Eu-le
das Ei-sen	sich äu-ßern

Mitlautverbindungen wie **ch, ck** und **sch** werden nicht getrennt.

spre-chen	wa-schen
die Ta-sche	si-cher
der We-cker	die Ha-cke

Bei mehr als zwei Mitlauten kommt der letzte Mitlaut zur nächsten Silbe.

stamp-fen	stampf-te
kämp-fen	kämpf-te
rann-te	woll-te
klirr-te	kitz-lig
plötz-lich	glück-lich

Doppelte Mitlaute werden getrennt.

ren-nen	fal-len
zit-tern	drib-beln
kom-men	mes-sen
hof-fen	die Pup-pe

rann-te	zitt-rig
hoff-te	woll-te

tz wird getrennt.

die Kat-ze	kit-zeln
plat-zen	schmut-zig

kitz-lig	plötz-lich
trotz-dem	platz-te

So kannst du ein Diktat verbessern

Schnuffi

Axel bachte neulich in einem Korb einen Igel mit. Wir betrachteten ihn genau von allen Seiten und gaben ihm den Namen Schnuffi. Als wir ihn aus dem Korb heben wollten, krallte er sich vor Schrek fest. Wir kippten den Korb vorsichtig um und Schnuffi purtzelte heraus. Jetzt konnten wir gut beobachten, wie der Igel admete. Jemand berürte ihn an der Schnauze. Schnell rollte sich der Igel zusammen und stellte seine spitzen Stacheln hoch. Nun liesen wir Schnuffi frei. Zuerst lief er hin und her. Dann trippelte er zum nächsten Gebüsch und verschwand.

1 Schlage die Fehlerwörter im Wörterbuch nach. Schreibe sie richtig auf und notiere die dahinter stehenden Zahlen.

2 Übe zunächst die Wörter ohne Zahlen. Übungen findest du auf Seite 160-161.

3 Übe jetzt die Wörter mit Zahlen. Unter der entsprechenden Zahl findest du auf den Seiten 163-179 die Übungen.

So könnte die fertige Verbesserung aussehen

brachte, der Schreck 1, purzelte, atmete, berührte 13, ließen 18

Wörter ohne Zahlen	Wörter mit Zahlen	
brachte	der Schreck	1
purzelte	berührte	13
atmete	ließen	18

brachte	ich purzele	atmete
bracht	wir purzeln	a.mete
brach	sie purzeln	at.ete
bra	er purzelt	atme.e
br	du purzelst	
b	ihr purzelt	

der Schreck
der Dreck
der Fleck
der Zweck

berührte berührte
die Zahl, der Lehrer, führen, ohne

ließen
schließen, gießen, schießen, fließen

Aufsatzhilfen

Wortfelder

- zum Altar **schreiten**
- über einen Stein **stolpern**
- mit jemandem um die Wette **laufen**
- bei einem Festzug **mitmarschieren**
- zum Bahnhof **hasten**
- um die Ecke **flitzen**
- über den Sportplatz **sausen**
- unbemerkt aus dem Zimmer **huschen**
- durch den Wald **streifen**
- auf einen Berg **steigen**
- an einem Fluss **entlangwandern**
- eine Straße **überqueren**
- verletzt vom Spielfeld **humpeln**
- wie ein Indianer um das Zelt **schleichen**
- durch die Stadt **schlendern**
- im Park **spazieren gehen**
- durch den kalten Bach **waten**
- auf dem Schulweg **bummeln**

- die Hausaufgaben sorgfältig **erledigen**
- einen Ausflug **unternehmen**
- eine schwere Arbeit **ausführen**
- ein Auto **reparieren**
- sich am Spiel **beteiligen**
- die Türe **schließen**
- den Brief **öffnen**
- einen Plan **entwerfen**
- ein Feuer **anzünden**
- ein Feuer **löschen**

- eine Urkunde **aushändigen**
- zum Geburtstag etwas **schenken**
- einen Blumenstrauß **überreichen**
- ein Paket **zustellen**
- eine Erlaubnis/Auskunft **erteilen**
- Geld für einen guten Zweck **spenden**
- einen Preis **verleihen**
- im Schullandheim ein Zimmer **zuweisen**
- jemandem eine Ermäßigung **gewähren**
- eine wichtige Nachricht **überbringen**

sprechen

- die Gestaltung des Klassenzimmers **besprechen**
- am Lagerfeuer eine Geschichte **erzählen**
- beim Skifahren über die Kälte **jammern**
- über einen Vorfall **berichten**
- sich über eine Fernsehsendung **unterhalten**
- dem Nachbarn eine Neuigkeit **zuflüstern**
- die Mutter um Erlaubnis **fragen**
- auf die Frage des Lehrers richtig **antworten**
- etwas nebenbei **erwähnen**
- ununterbrochen mit dem Nachbarn **reden/schwätzen**
- etwas über den Hof **brüllen**
- jemandem **ins Wort fallen**
- miteinander **plaudern**
- ein Gedicht **vortragen**
- im Gespräch seine Meinung **äußern**
- etwas auf eine Frage **erwidern**
- etwas gemeinsam **beschließen**
- jemandem zu etwas **raten**
- vor Aufregung **stottern**
- über die vielen Hausaufgaben **maulen**
- etwas vor sich **hinmurmeln**

sehen

- um die Ecke **spitzen**
- das Wild am Waldrand **beobachten**
- die letzten Urlaubsbilder **betrachten**
- durchs Schlüsselloch **gucken**
- ins helle Sonnenlicht **blinzeln**
- von einem Turm auf die Stadt **blicken**
- aus einem Flugzeug auf die Erde **schauen**
- neugierig **gaffen**
- Rehe auf einer Waldwiese **erspähen**
- ein kunstvolles Spinnennetz **bestaunen**
- eine alte Kirche **besichtigen**
- einen Fremden **mustern**

- den Obstsalat **kosten**
- die selbst gekochte Suppe **probieren**
- das Mittagessen **hinunterschlingen**
- sich den Mund **vollstopfen**
- von der Nachspeise **naschen**
- Nüsse **knabbern**
- sich von Obst und Gemüse **ernähren**
- Berge von Kuchen **verdrücken**
- eine Forelle **verspeisen**
- das Frühstück in Ruhe **genießen**
- sein Frühstücksbrot **verzehren**
- ein Eis **schlecken**
- trockenes Brot **kauen**
- eine Banane **mampfen**

- den heißen Kakao **schlürfen**
- die Limonade **hinunterstürzen**
- **sich** einen großen Schluck aus der Flasche **genehmigen**
- ein kaltes Getränk **hinunterkippen**

- vor Schmerzen **wimmern**
- vor Wut **heulen**
- vor Verzweiflung ununterbrochen **schluchzen**
- über einen Verlust **jammern**
- vor Rührung **in Tränen ausbrechen**
- vor Freude **steigen** die Tränen **in die Augen**

- über eine gute Note **jubeln**
- **sich** über einen Witz vor Lachen **kugeln**
- über den Fehler eines anderen schadenfroh **grinsen**
- über eine heitere Geschichte **schmunzeln**
- über jemanden heimlich **kichern**
- in schallendes Gelächter **ausbrechen**
- über eine schlagfertige Antwort **lächeln**

Treffende Ausdrücke

- **sich** vor einer Spinne **gruseln**
- bei einem unbekannten Geräusch **zusammenfahren**
- vor einer Probearbeit **zittern**
- **mit den Zähnen klappern**
- **mit den Knien schlottern**
- **sich nicht mehr regen können**
- vor Entsetzen **wie gelähmt sein**
- **sich** vor Angst **verkriechen**
- **eine Gänsehaut bekommen**

- **vor Zorn rot anlaufen**
- **die Stirn runzeln**
- **in die Höhe fahren**
- **die Geduld verlieren**
- **in die Luft gehen**
- **aus der Haut fahren**
- vor Wut **platzen**
- **die Wand hochgehen**

- **enttäuscht sein** über eine schlechte Note
- **niedergeschlagen sein** wegen des Todes unseres Hundes
- **wehmütig** an die vergangenen Ferien **zurückdenken**
- **erschüttert** über einen Unfall **sein**
- **trübsinnig** im Zimmer sitzen

- **gut gelaunt** zur Schule gehen
- **vergnügt** ins Auto steigen
- **selig** im Bett liegen
- **freudestrahlend** ein Geschenk empfangen
- **erleichtert aufatmen**

Schwierige Vergangenheitsformen

	1. Vergangenheit	2. Vergangenheit
anfangen	er fing an	er hat angefangen
beginnen	er begann	er hat begonnen
beißen	er biss	er hat gebissen
biegen	er bog	er hat gebogen
binden	er band	er hat gebunden
bitten	er bat	er hat gebeten
bleiben	er blieb	er ist geblieben
brechen	er brach	er hat gebrochen
brennen	es brannte	es hat gebrannt
bringen	er brachte	er hat gebracht
denken	er dachte	er hat gedacht
dürfen	er durfte	er hat gedurft
empfangen	er empfing	er hat empfangen
essen	er aß	er hat gegessen
fahren	er fuhr	er ist gefahren
fallen	er fiel	er ist gefallen
finden	er fand	er hat gefunden
fliegen	er flog	er ist geflogen
fliehen	er floh	er ist geflohen
fließen	es floss	es ist geflossen
fressen	er fraß	er hat gefressen
frieren	er fror	er hat gefroren
geben	er gab	er hat gegeben
gehen	er ging	er ist gegangen
gelingen	es gelang	es ist gelungen
gelten	es galt	es hat gegolten
geschehen	es geschah	es ist geschehen
gewinnen	er gewann	er hat gewonnen
gießen	er goss	er hat gegossen
graben	er grub	er hat gegraben
greifen	er griff	er hat gegriffen

	1. Vergangenheit	2. Vergangenheit
hängen	er hing	er hat gehangen
halten	er hielt	er hat gehalten
heben	er hob	er hat gehoben
heißen	er hieß	er hat geheißen
helfen	er half	er hat geholfen
kennen	er kannte	er hat gekannt
kommen	er kam	er ist gekommen
können	er konnte	er hat gekonnt
kriechen	er kroch	er ist gekrochen
lassen	er ließ	er hat gelassen
laufen	er lief	er ist gelaufen
leiden	er litt	er hat gelitten
lesen	er las	er hat gelesen
liegen	er lag	er ist [hat] gelegen
lügen	er log	er hat gelogen
messen	er maß	er hat gemessen
mögen	er mochte	er hat gemocht
müssen	er musste	er hat gemusst
nehmen	er nahm	er hat genommen
pfeifen	er pfiff	er hat gepfiffen
raten	er riet	er hat geraten
reißen	er riss	er hat gerissen
reiten	er ritt	er ist geritten
rennen	er rannte	er ist gerannt
riechen	es roch	es hat gerochen
rufen	er rief	er hat gerufen
scheinen	es schien	es hat geschienen
schieben	er schob	er hat geschoben
schießen	er schoss	er hat geschossen
schlafen	er schlief	er hat geschlafen

	1. Vergangenheit	2. Vergangenheit
schlagen	er schlug	er hat geschlagen
schleichen	er schlich	er ist geschlichen
schließen	er schloss	er hat geschlossen
schneiden	er schnitt	er hat geschnitten
schreien	er schrie	er hat geschrien
schweigen	er schwieg	er hat geschwiegen
schwimmen	er schwamm	er ist geschwommen
sehen	er sah	er hat gesehen
singen	er sang	er hat gesungen
sinken	es sank	es ist gesunken
sitzen	er saß	er ist [hat] gesessen
sprechen	er sprach	er hat gesprochen
springen	er sprang	er ist gesprungen
stehen	er stand	er ist [hat] gestanden
stehlen	er stahl	er hat gestohlen
steigen	er stieg	er ist gestiegen
sterben	er starb	er ist gestorben
stoßen	er stieß	er hat gestoßen
tragen	er trug	er hat getragen
treffen	er traf	er hat getroffen
treiben	er trieb	er hat getrieben
treten	er trat	er hat getreten
trinken	er trank	er hat getrunken
verbieten	er verbot	er hat verboten
vergessen	er vergaß	er hat vergessen
verlieren	er verlor	er hat verloren
wachsen	er wuchs	er ist gewachsen
waschen	er wusch	er hat gewaschen
werfen	er warf	er hat geworfen
wiegen	er wog	er hat gewogen
wissen	er wusste	er hat gewusst
ziehen	er zog	er hat gezogen

Ausrufe, Gedanken, Gefühle

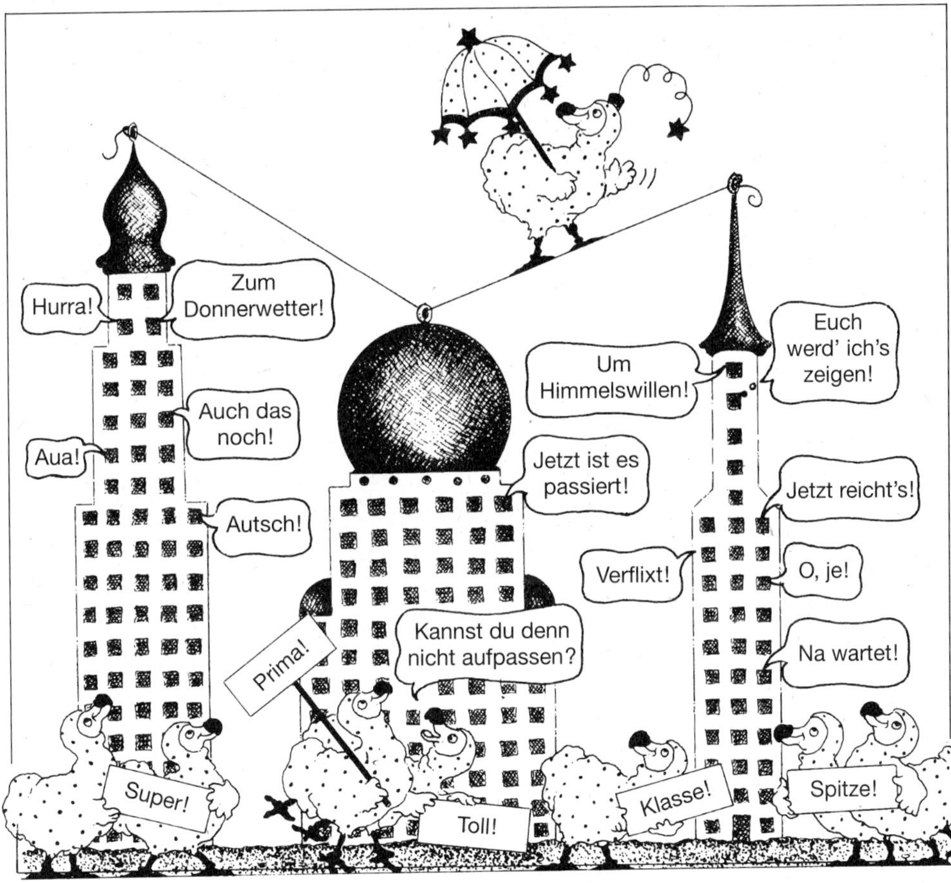

– Ich strahle über das ganze Gesicht.

– Mir fiel ein Stein vom Herzen.

– Ich könnte die ganze Welt umarmen.

– Das Herz klopfte mir bis zum Hals.

– Mir rutscht das Herz in die Hosentasche.

– Meine Knie wurden ganz weich.

– Ich wurde leichenblass im Gesicht.

– Mein Herz raste wie wild.

Wemfall

wem?

schenken	Das Buch schenke ich **dem** …
geben	Der Lehrer gibt **dem** …
überreichen	Der Bürgermeister überreicht **dem** …
helfen	Norbert hilft sein**em** …
danken	Carolin bedankt sich **beim** …
drohen	Ein**em** anderen solltest du nie drohen.
gehorchen	Manchmal gehorcht der Hund mein**em** …
gratulieren	Mein Vater gratuliert **dem** …
lauschen	Die Kinder lauschen **dem** …

1 Schreibe die angefangenen Sätze fertig und unterstreiche den Wemfall.

2 Suche zu den Zeitwörtern andere Sätze und unterstreiche den Wemfall.

wo?
Wo liegen die Dinge?

unter **dem** Tisch	zwischen **den** Töpfen	neben **dem** Kamin
auf **dem** Schrank	vor **dem** Kellerschacht	hinter **dem** Kühlschrank
in ein**em** Korb		

3 Schreibe auf, wo diese Dinge bei euch zu Hause stehen oder liegen:

Teller, Zeitung, Heftpflaster, Winterstiefel, Schlitten, Handtücher.

Schreibe so: *Die Teller stehen im Küchenschrank.*

oder **Wenfall**

wen?

treffen	Ich treffe mein**en** …
holen	Hole schnell ein**en** …
nehmen	Nimm **den** …
suchen	Peter sucht sein**en** …
lesen	Miriam soll ein**en** …
kaufen	Mutter kauft ein**en** …
bringen	Bring mir schnell dein**en** …
sehen	Siehst du **den** …
werfen	Klaus wirft **den** …

1 Schreibe die angefangenen Sätze fertig und unterstreiche den Wenfall.

2 Suche zu den Zeitwörtern andere Sätze und unterstreiche den Wenfall.

wohin?
Wohin legen wir die Dinge?

unter **den** Tisch
auf **den** Schrank
in ein**en** Korb

zwischen **die** Töpfe
vor **den** Kellerschacht

neben **den** Kamin
hinter **den** Kühlschrank

3 Überlege, wohin du diese Dinge aufräumen könntest.

Rock, Küchenmesser, Lexikon, Turnschuhe, Mäppchen, Kopfkissen, Auto.

Schreibe so: *Ich hänge den Rock in den Kleiderschrank.*

Wörtliche Rede verwenden · Satzzeichen

Peter rief: „Warte ein bisschen, ich komme gleich.“

~~~~ : „__________________________.“

„Warte ein bisschen, ich komme gleich“, rief Peter.

„__________________________“, ~~~~ .

„Warte ein bisschen“, rief Peter, „ich komme gleich.“

„____________“, ~~~~, „____________.“

Schreibe die Texte in den Sprechblasen z.B. so auf:

Findefix zischte: „Seid leise, sonst hören sie uns!“

„Seid leise, sonst hören sie uns!“, zischte Findefix.

„Seid leise“, zischte Findefix, „sonst hören sie uns!“
~~~~

Am Wortfeld „sagen“ die wörtliche Rede üben

flüstern
„Seid ganz leise“, flüsterte Dieter und drückte sich eng an die Wand.

zischen
„Könnt ihr nicht vorsichtiger sein“, zischte Petra, „uns hört man doch schon meilenweit.“

antworten
„Heute ist erst um 6 Uhr Gruppenstunde“, antwortete mein Freund.

erzählen
Oma rückte ihren Stuhl zurecht und begann zu erzählen: „Also, das war so.“

auffordern
„Berichte mir einmal ganz genau, wie es zu dem Unfall kam!“, forderte mich der Polizist auf.

stöhnen
„Ach, heute ist doch auch noch Schwimmen“, stöhnten die Kinder, als der Lehrer die zweite Hausaufgabe anschrieb.

stottern
„Da, da, das k, ka, kann doch nicht wahr sein“, stotterte ich vor Aufregung.

fragen
„Kannst du mir einmal dein Heft geben?“, fragte Klaus.

meinen
Norman meinte: „Wir sollten wirklich einmal etwas anderes unternehmen.“

jammern
„Mein Bein, mein Bein!“, jammert Anja und hüpft im Kreis umher.

rufen
Der Bauer ruft über das ganze Feld zu uns herüber: „Macht, dass ihr aus dem Getreide herauskommt!“

schimpfen
„Kannst du deine Füße nicht heben?“, schimpft Papa, während ich wieder einmal durch das Wohnzimmer schlurfe.

vorschlagen
„Unsere Gruppe möchte in den Zoo“, schlägt Sabine vor.

berichten
„Es war eindeutig ein Junge mit blonden Haaren“, berichtete die Lagerwache.

erwidern
„Das passt mir aber gar nicht“, erwiderte die Kundin.

beschließen
„Das werden wir zusammen machen“, beschloss unsere Gruppe.

Wiederholungen am Satzanfang vermeiden

Trick 1:
Ein treffendes Wort an den Satzanfang setzen

Plötzlich…	Plötzlich flitzte ein Hund um die Ecke.
Neulich…	Neulich mussten wir wieder etwas länger auf den Bus warten.
Gestern…	Gestern traf ich Dieter.
Manchmal…	Manchmal ärgert es mich schon, wenn sie mich Dickie rufen.
Oft…	Oft traf ich das Tor nicht.
Nun…	Nun war ich an der Reihe.
Jetzt…	Jetzt durfte ich antreten.
Auf einmal…	Auf einmal stand sie vor mir.
Deshalb…	Deshalb holte ich mein Fahrrad.
Darüber…	Darüber ärgerte er sich schon lange.
Anschließend…	Anschließend rief ich meine Mutter an.
Später…	Später holte ich Karin ab.
Denn…	Denn das hatte ich nicht erwartet!
Danach…	Danach griff ich in die Tasche.
Aber…	Aber er holte weit aus.
Dort…	Dort traf er Ritter Kunibert.

Hier findest du die Satzanfänge geordnet:

Es beginnt: zu Beginn – anfangs – zuerst – am Anfang – zunächst

Es ist vorbei: neulich – vor langer Zeit – damals – vorher – einmal

Es geschieht nacheinander: nach und nach – im Laufe der Zeit – allmählich – sofort – sogleich – nun – jetzt – dann – darauf – danach – schließlich – endlich

Es ändert sich schlagartig: auf einmal – plötzlich – unerwartet – augenblicklich – mit einem Mal

Es passiert zur gleichen Zeit: inzwischen – währenddessen – mittlerweile – gleichzeitig – im gleichen (selben) Augenblick

Es wird ein Gegensatz ausgedrückt: aber – trotzdem – dagegen – andererseits – hingegen – jedoch – doch

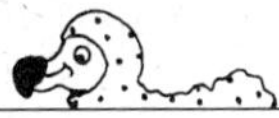

Trick 2:
Wörter im Satz
umstellen

Der Papagei | fliegt | aufgeregt

auf die Gardinenstange.

Aufgeregt | fliegt | der Papagei

auf die Gardinenstange.

Ich blickte hoch. Was sah ich da? **Ich** rannte blitzschnell zur Haustür. **Ich** griff hastig in die Tasche. **Ich** wühlte verzweifelt...

Ich blickte hoch. Was sah ich da? **Blitzschnell** rannte ich zur Haustür. **Hastig** griff ich in die Tasche. **Verzweifelt**...

Trick 3:
Namen und persönliche
Fürwörter einsetzen

Der Junge hat sich stark erkältet. **Der Junge** liegt schwitzend und hustend im Bett. Die Mutter umsorgt **den Jungen. Der Junge** mag Hustensaft gar nicht. Aber wenn's sein muss. **Der Junge** verzieht sein Gesicht und schluckt den Hustensaft tapfer hinunter.

Peter hat sich stark erkältet. **Er** liegt schwitzend und hustend im Bett. Die Mutter umsorgt **ihren kleinen Jungen.** Eigentlich mag **Peter** keinen Hustensaft. Aber wenn's sein muss. **Er** verzieht sein Gesicht und schluckt die Medizin tapfer hinunter.

Richtformen der Schreibschrift

a b c d e f g h i j

k l m n o p q r s s

ß ß t u v w x y z

ä ö ü (. , ; : „ " - ! ?)

A B C D E F G H I J

K L M N O P Qu R

S T U V W X Y Z

Ä Ö Ü

Änderungen in der Rechtschreibung mit Beispielen und Regeln

Die Bisher- und Jetzt-Wörterliste

bisher		jetzt
achtgeben	A	**Acht geben**
der **Anlaß**		der **Anlass**
der **Anschluß**		der **Anschluss**
das **As**		das **Ass**
der **Baß**	B	der **Bass**
du **beeinflußt**		du **beeinflusst** – beeinflussen
er **beschloß**		er **beschloss** – beschließen
bewußtlos		**bewusstlos**
der **Biß**		der **Biss**
er **biß**		er **biss** – beißen
ein **bißchen**		ein **bisschen**
blaß		**blass**
die **Brennessel**		die **Brennnessel**
das **Cellophan**	C	das **Zellophan,** auch Cellophan
circa		**zirka,** auch circa
der **Clip**		der **Klipp** oder **Klips,** auch Clip
die **Cousine**		die **Kusine,** auch Cousine
daß	D	**dass**
der **Delphin**		der **Delphin,** auch Delfin
der **Dreß**		der **Dress**
er **entschloß** sich	E	er **entschloss** sich – sich entschließen
der **Entschluß**		der **Entschluss**
erpreßt		**erpresst** – erpressen
eßbar		**essbar**
der **Eßlöffel**		der **Esslöffel**
Expreß		**Express**
das **Faß**	F	das **Fass**
du **faßt**		du **fasst** – fassen
es **floß**		es **floss** – fließen

bisher		jetzt
der **Fluß**		der **Fluss**
der **Fön** (Haartrockner)		der **Föhn**
er **frißt**		er **frisst** – fressen
das **Gäßchen**	G	das **Gässchen**
das **Gebiß**		das **Gebiss**
die **Gemse**		die **Gämse**
gemußt		**gemusst** – müssen
er **genoß**		er **genoss** – genießen
der **Genuß**		der **Genuss**
gepaßt		**gepasst** – passen
gepreßt		**gepresst** – pressen
das **Geschoß**		das **Geschoss**
gewiß		**gewiss**
gewußt		**gewusst** – wissen
es **goß**		es **goss** – gießen
gräßlich		**grässlich**
die **Greuel**		die **Gräuel**
die **Greuelmärchen**		die **Gräuelmärchen**
greulich		**gräulich**
der **Grundriß**		der **Grundriss**
der **Guß** (Regenguß)		der **Guss**
die **Hachse**	H	die **Haxe,** auch Hachse
hängenbleiben		**hängen bleiben**
die **Haselnuß**		die **Haselnuss**
der **Haß**		der **Hass**
häßlich		**hässlich**
der **Imbiß**	I	der **Imbiss**
du **ißt**		du **isst** – essen
der **Joghurt**	J	der **Joghurt,** auch Jogurt

bisher		jetzt
das **Känguruh**	K	das **Känguru**
die **Kokosnuß**		die **Kokosnuss**
der **Kompaß**		der **Kompass**
der **Kuß**		der **Kuss**
du **küßt**		du **küsst** – küssen
du **läßt**	L	du **lässt** – lassen
die **Mayonnaise**	M	die **Majonäse,** auch Mayonnaise
das **Meßgerät**		das **Messgerät**
das **Mikrophon**		das **Mikrofon,** auch Mikrophon
mißachten		**missachten**
das **Mißgeschick**		das **Missgeschick**
mißhandeln		**misshandeln**
du **mißt**		du **misst** – messen
das **Mißtrauen**		das **Misstrauen**
mißtrauen		**misstrauen**
mißtrauisch		**misstrauisch**
mißverstanden		**missverstanden** – missverstehen
das **Mißverständnis**		das **Missverständnis**
mißverstehen		**missverstehen**
du **mußt**		du **musst** – müssen
er **mußte**		er **musste** – müssen
naß	N	**nass**
numerieren		**nummerieren**
die **Nuß**		die **Nuss**
der **Panther**	P	der **Panther,** auch Panter
der **Paß**		der **Pass**
es **paßte**		es **passte** – passen
die **Phantasie**		die **Fantasie,** auch Phantasie
phantastisch		**fantastisch,** auch phantastisch
die **Photographie**		die **Fotografie,** auch Photographie

bisher		jetzt
du **preßt**		du **presst** – pressen
der **Prozeß**		der **Prozess**
der **Quai**	Q	der **Quai** oder **Kai**
radfahren	R	**Rad fahren**
rauh		**rau**
der **Rauhreif**		der **Raureif**
recht haben		**Recht** haben
der **Reißverschluß**		der **Reißverschluss**
rhythmisch		**rhythmisch,** auch rytmisch
der **Rhythmus**		der **Rhythmus,** auch Rytmus
der **Riß**		der **Riss**
er **riß**		er **riss** – reißen
das **Roß**		das **Ross**
Rußland		**Russland**
er **schloß**	S	er **schloss** – schließen
das **Schloß**		das **Schloss**
der **Schluß**		der **Schluss**
er **schmiß**		er **schmiss** – schmeißen
sich **schneuzen**		sich **schnäuzen**
er **schoß**		er **schoss** – schießen
der **Schuß**		der **Schuss**
selbständig		**selbständig** oder **selbstständig**
die **Selbständigkeit**		die **Selbständigkeit** oder **Selbstständigkeit**
so daß		**sodass,** auch so dass
die **Spaghetti**		die **Spaghetti,** auch Spagetti
spazierengehen		**spazieren gehen**
es **sproß**		es **spross** – sprießen
der **Sproß**		der **Spross**
stattdessen		**stattdessen,** auch statt dessen
der **Stengel**		der **Stängel**
der **Streß**		der **Stress**

bisher		jetzt
der **Thunfisch**	T	der **Thunfisch,** auch Tunfisch
der **Tip,** die Tips		der **Tipp,** die Tipps
der **Tolpatsch**		der **Tollpatsch**
tolpatschig		**tollpatschig**
totenblaß		**totenblass**
tschüs oder **tschüß**		**tschüs,** auch tschüss
vergeßlich	V	**vergesslich**
das **Vergißmeinnicht**		das **Vergissmeinnicht**
du **vergißt**		du **vergisst** – vergessen
du **verläßt**		du **verlässt** – verlassen
du **vermißt**		du **vermisst** – vermissen
du **verpaßt**		du **verpasst** – verpassen
er **verschloß**		er **verschloss** – verschließen
der **Verschluß**		der **Verschluss**
der **Waggon**	W	der **Waggon,** auch Wagon
die **Walnuß**		die **Walnuss**
er **wußte**		er **wusste** – wissen
das **Xylophon**	X	das **Xylophon,** auch Xylofon
er **zerriß**	Z	er **zerriss** – zerreißen
zuviel		**zu viel**
zuwenig		**zu wenig**

So kannst du dir die Schreibweise leicht merken

bisher	jetzt

1. s-Laut

bisher	jetzt
die Nuß, die Nüsse	die Nuss, die Nüsse
der Schuß, die Schüsse	der Schuss, die Schüsse
der Fluß, die Flüsse	der Fluss, die Flüsse
der Eßlöffel, die Eßlöffel	der Esslöffel, die Esslöffel
er läßt – lassen	er lässt – lassen
du mußt – müssen	du musst – müssen
ihr wißt – wissen	ihr wisst – wissen
vergeßlich	vergesslich
eßbar	essbar
gräßlich	grässlich

Nach kurzem Selbstlaut steht **immer** ss.

2. Wortstämme

bisher	jetzt	
der Stengel	der Stängel	– die Stange
der Tip	der Tipp	– tippen
der Tolpatsch	der Tollpatsch	– toll
sie numerieren	sie nummerieren	– die Nummer
sie plazieren	sie platzieren	– der Platz

Wortstämme werden **gleich** geschrieben.

3. Zusammensetzungen

bisher	jetzt
die Schiffahrt	die Schifffahrt, auch Schiff-Fahrt
das Schrittempo	das Schritttempo, auch Schritt-Tempo
das Bettuch	das Betttuch, auch Bett-Tuch
die Paßstelle	die Passstelle, auch Pass-Stelle
der Schloßsaal	der Schlosssaal, auch Schloss-Saal

Treffen beim Zusammensetzen **drei gleiche** Buchstaben zusammen, bleiben sie erhalten. Die Schreibung mit Bindestrich erleichtert das Lesen.

bisher	jetzt

4. Getrenntschreibung

bisher	jetzt
radfahren	Rad fahren
kopfstehen	Kopf stehen
eislaufen	Eis laufen
staubsaugen	Staub saugen
spazierengehen	spazieren gehen
sitzenbleiben	sitzen bleiben
kennenlernen	kennen lernen

Zusammengesetzte Zeitwörter (Namenwort + Zeitwort, Zeitwort + Zeitwort) gibt es **nicht** mehr.

5. Großschreibung

bisher	jetzt
gestern morgen	gestern Morgen
heute vormittag	heute Vormittag
morgen mittag	morgen Mittag
gestern nachmittag	gestern Nachmittag
heute abend	heute Abend
gestern nacht	gestern Nacht

Tageszeiten werden **großgeschrieben.**

6. Fremdwörter

bisher		jetzt
die Phantasie phantastisch der Delphin	F statt Ph f statt ph	die Fantasie, auch die Phantasie fantastisch, auch phantastisch der Delphin, auch der Delfin
der Joghurt die Spaghetti	g statt gh	der Joghurt, auch der Jogurt die Spaghetti, auch die Spagetti
der Rhythmus	R statt Rh	der Rhythmus, auch der Rytmus

bisher		jetzt
der Thunfisch	T statt Th	der Thunfisch, auch der Tunfisch
der Panther	t statt th	der Panther, auch der Panter

Die Schreibung von Fremdwörtern **kann** vereinfacht werden.

7. Trennung

bisher		jetzt	
der Zucker,	der Zuk-ker	der Zucker,	der Zu-cker
wackeln,	wak-keln	wackeln,	wa-ckeln
trocken,	trok-ken	trocken,	tro-cken

ck wird **nicht** getrennt.

bisher		jetzt	
die Kiste,	die Ki-ste	die Kiste,	die Kis-te
flüstern,	flü-stern	flüstern,	flüs-tern
hastig,	ha-stig	hastig,	has-tig

Auch **st** wird nach der Sprechweise getrennt.

bisher		jetzt	
daran,	dar-an	daran,	da-ran
darauf,	dar-auf	darauf,	da-rauf
herab,	her-ab	herab,	he-rab
herein,	her-ein	herein,	he-rein
hinaus,	hin-aus	hinaus,	hi-naus
hinein,	hin-ein	hinein,	hi-nein
voran,	vor-an	voran,	vo-ran
vorüber,	vor-über	vorüber,	vo-rüber
warum,	war-um	warum,	wa-rum
worüber,	wor-über	worüber,	wo-rüber

Auch diese Wörter werden nach Sprechsilben getrennt.

bisher	jetzt	
der Abend	der Abend,	der A-bend
der Igel	der Igel,	der I-gel
das Ufer	das Ufer,	das U-fer

Einzelne Selbstlaute am Wortanfang **dürfen** abgetrennt werden.

2., erweiterte Auflage 1996

Unveränderter Nachdruck 00 99 98 97 96
Die letzte Zahl bezeichnet das Jahr des Drucks.

Lektorat: Ute Busche
Layout und Herstellung: Aille Hardy und Thomas Rein
Umschlag: Mendell & Oberer, München
Satz und Reproarbeiten: Horst Gerbert, Layoutsatz-Repro, Haar b. München
Druck und Bindearbeiten: LANDESVERLAG Druckservice Ges. m. b. H., Linz

ISBN 3-486-**87494**-2